LES FOLLES-BRISES

PAR

ÉDOUARD CORBIÈRE,

AUTEUR DE

LE NÉGRIER. — LE BANIAN. — LES ASPIRANS DE MARINE. —
LES TROIS PIRATES, ETC.

I.

PARIS

WERDET, LIBRAIRE-ÉDITEUR,

49, RUE DE SEINE-SAINT-GERMAIN.

1838.

LES
FOLLES-BRISES.

ROMANS

DE

M. Edouard Corbière.

∗ ∗ ∗

En vente :

Les trois Pirates, 2 vol. in-8°.	Prix : 15 fr.	» c.
Les Folles-Brises, t. I et II, in-8°.	15	»
Les Prisonniers de guerre, 1 vol. in-8°.	7	50
Les Aspirants de marine, 2 vol. in-8e.	15	»
Les Pilotes de l'Iroise, 1 vol. in-8°.	7	50
Mer et Marins, 1 vol. in-8°.	7	50
Contes de Bord, 1 vol. in-8°.	7	50
Le Banian, 2 vol. in-8°.	15	»
Deux Lions pour une Femme, 2 vol. in-8°.	15	»
Le Négrier, 2 vol. in-8°.	15	»

Pour paraître prochainement :

Les Folles-Brises, t. III et IV, in-8°.	15	»

IMPRIMERIE DE Mme Ve POUSSIN,

RUE MIGNON, N. 2.

LES
FOLLES-BRISES

PAR

ÉDOUARD CORBIÈRE

AUTEUR DE

LE NÉGRIER. — LE BANIAN. — LES ASPIRANTS DE MARINE.
— LES TROIS PIRATES, ETC.

I

PARIS.

WERDET, LIBRAIRE-ÉDITEUR,
49, RUE DE SEINE SAINT-GERMAIN.

1838

Les marins nomment *folles-brises* ces légères bouffées de vent qui, pendant les calmes plats, naissent de tous les points de l'horizon pour venir effleurer la surface de la mer, et pour disparaître aussitôt sans laisser après elles la trace de leur passage sur les flots, ou l'indice de la direction qu'elles ont prise en s'évanouissant dans les airs.

Cette définition explique la raison pour laquelle on a donné le titre de *Folles-Brises* aux différentes pièces qui composent l'ouvrage que nous mettons aujourd'hui sous les yeux de nos lecteurs.

TABLE.

—

Marquis et comtesse.	1
Les pauvres matelots malades.	95
Antonio Balidar.	169
Un prêté pour un rendu.	193
Une promenade d'amateur à bord d'un corsaire.	219
Un smogleur anglais.	247
Le pirate sans le savoir.	279
Le capitaine Dur-à-cuire.	305
Combat du *Marengo*.	341

MARQUIS ET COMTESSE.

MARQUIS ET COMTESSE.

Marquis et Comtesse.

En l'année 1803 ou 1804, quelque temps après le commencement de la guerre acharnée qui venait de se rallumer entre la France et l'Angleterre, on vit arriver à Brest un jeune homme auquel d'abord personne ne prit garde, et qui bientôt sut se venger du dédain avec lequel on l'avait accueilli en se faisant, par son seul mérite, une des réputations les plus populaires que l'on ait vu briller dans les fastes de notre marine.

Le jeune étranger dont nous avons à nous occuper, en se présentant au bureau des classes pour obtenir la très-mince faveur de naviguer en qualité de novice ou de matelot sur un des bâtiments en partance, avoua qu'il n'avait pas encore vu la mer, quoique la vocation qu'il croyait se sentir l'eût toujours porté à embrasser la profession de marin. Il était grand et robuste, vif, délié et joli garçon ; sa physionomie intelligente et sa mise assez recherchée semblaient annoncer qu'il appartenait à une famille aisée; et, à la manière dont il s'exprimait, on pouvait même supposer qu'il avait déjà reçu une certaine éducation, ou tout au moins acquis quelque petite habitude du monde. Le citoyen chef de l'inscription maritime à qui il avait fallu qu'il s'adressât en premier lieu lui demanda d'un ton protecteur et quelque peu aristocratique, mais pourtant assez bienveillant, quel était son nom et quel âge il avait. Le jeune volontaire répondit qu'il allait bientôt avoir dix-huit ans et qu'il se nommait tout simplement Ernestin Taillebois. Après avoir posé ces deux petites questions préliminaires au futur amiral, le commissaire jeta un coup d'œil distrait sur les papiers dont notre nouvel enrôlé avait eu soin de se munir en partant de chez lui. Les papiers se trouvèrent en règle, et dans moins d'un quart d'heure Ernestin Taillebois, ou M. de Taillebois, si mieux vous semble pour le moment, se vit inscrit, à sa grande satisfaction, sur le rôle d'équipage de la corvette de la République *la Prévoyante*, avec le grade de novice citoyen à la paye de 4 francs 50 centimes par décade.

La malle, ou, pour mieux dire, le sac de nuit du petit navigateur ne fut ni long ni difficile à faire : un paletot bleu, une demi-capote brune, deux pantalons, six chemises, deux paires de souliers et un chapeau de cuir bouilli composèrent toute sa garde-robe de voyage. Cependant, outre ce bagage, réduit aux strictes conditions du nécessaire et aux minces proportions de l'austérité républicaine dont on faisait parade alors, Taillebois eut soin d'ajouter un petit coffret fort propre, fermant à clef et qui devait contenir, selon toute apparence, des effets ou des ustensiles à l'usage du bord.

En mettant pour la première fois le pied sur le pont de la corvette *la Prévoyante,* le beau novice alla saluer l'officier de quart, et il se rendit ensuite, selon l'usage prescrit en pareil cas, aux ordres du capitaine sous le commandement duquel il allait bientôt faire ses premières armes à la mer.

Le capitaine, qui depuis quelques jours voyait arriver pêle-mêle à bord de sa corvette les volontaires que le bureau des classes trouvait bon de lui envoyer en masse pour compléter de façon ou d'autre son équipage, toisa d'abord Taillebois des talons à la tête en fronçant un peu le sourcil. Taillebois, qui ne manquait pas plus d'assurance que de zèle, se tint raide et droit, le chapeau à la main et l'œil fixe, pour subir avec autant d'avantage que possible la rigueur de ce premier examen muet d'où dépend si souvent la destinée des nouveaux venus. Le capitaine de *la Prévoyante,* qui jusque-là n'avait pas eu lieu, à ce qu'il paraît, de se montrer très-satisfait du choix des recrues qui lui avaient été jetées en pâture par le bureau des classes, s'oublia jusqu'à sourire de satisfaction en passant l'inspection de l'extérieur du jeune novice qu'on venait de lui mettre sous la main.

— Parbleu ! s'écria-t-il, je crois qu'aujourd'hui le citoyen commissaire du bureau des armements s'est trompé ! il vient de m'envoyer, Dieu me pardonne ! un homme tout comme un autre !

— Et que sais-tu faire de bon, mon garçon ? ajouta le commandant en s'adressant à Ernestin, et en laissant un sourire de contentement se mêler à la parole brève et saccadée qui sortait de sa bouche.

— Rien encore, mon commandant, répondit Ernestin, mais, avec un peu de patience de votre côté et beaucoup de bonne volonté du mien, cela viendra peut-être.

— Eh bien! voilà, s'écria le capitaine à ces mots, un luron au moins qui ne se flatte pas, et qui promet peut-être plus qu'il n'en a l'air.

— Et qui tiendra peut-être plus qu'il n'en promet, reprit vivement Ernestin en rougissant un peu de plaisir et de timidité.

— Lieutenant, citoyen lieutenant, ordonna aussitôt le capitaine à son second, colloquez-moi vite ce grand gaillard-là au poste des pilotins. Il ne faut pas qu'il se gâte avec les mauvais gars du gaillard d'avant. L'égalité républicaine me le perdrait en moins de quinze jours de confraternité démocratique.

— Mais, mon commandant, fit observer Taillebois avec modestie, c'est qu'il faut vous dire que je n'ai jamais navigué.

— Eh! mais, reprit vivement le capitaine, ne navigueras-tu pas aussi bien pour la première fois au poste des pilotins, avec lesquels tu vas manger la soupe, que parmi les brebis galeuses qui broutent la galette de biscuit de la République sur l'avant du mât de misaine de la corvette? Ton billet d'embarquement porte que tu es des environs de Saint-Brieuc, n'est-ce pas? tu dois par conséquent avoir déjà vu la mer, quand ce ne serait qu'à la longue-vue : c'est donc un commencement; laisse-moi faire le reste. Je te la montrerai de la bonne manière en seconde édition dans notre prochaine campagne, va, cette lame du ouest que tu as la franchise d'avouer que tu n'as jamais vue. Et en attendant, fais-moi le plaisir d'aller t'arrimer en long ou en travers au poste de la timonnerie avec ton sac et ton petit coffre. Ton commandant, pour le moment, a bien l'honneur de te souhaiter le bon soir.

La corvette *la Prévoyante* appareilla bientôt de la rade de Brest pour aller croiser sur les côtes de l'île de Saint-Domingue qui venait de nous échapper, à nous, sa métropole, par tous les bouts à la fois. Dans les premiers coups de cape que la corvette eut à essuyer Taillebois se sentit gagner par le mal de mer, et il l'éprouva, mais à la façon des marins qui l'ont encore, c'est-à-dire sans être malade, sans se laisser vaincre par la douleur, et sans cesser de faire le service que le devoir prescrit aux bien portants. Après deux mois de croisière on se battit, et le courageux pilotin fut un des premiers à sauter à bord d'un fort brick anglais, que le commandant jugea à propos de couler pour ne pas perdre de temps en route. Cette action prompte et décisive, dans laquelle Taillebois s'était distingué aux yeux de tout l'équipage, lui valut les félicitations de ses chefs et l'honneur plus positif de passer d'emblée, du grade de novice à 15, au grade de matelot à 21 francs par mois.

Cet avancement si subit, cet enjambement si rapide du grade de novice à 15 à la paye de matelot à 21, sans passer par le grade intermédiaire de novice à 18, fit bien quelques jaloux parmi ceux des prétendants qui croyaient pouvoir invoquer la loi contre ce qu'ils appelaient un passe-droit évident ; mais aucun des envieux n'osa murmurer tout haut, car Taillebois possédait par bonheur pour lui, au bout des bras vigoureux dont la nature l'avait doué, une poigne assez large et assez solide pour imposer silence à la jalousie. C'était, à dix-huit ans, un des plus rudes distributeurs de coups de poings de tout l'équipage de *la Prévoyante*.

Au retour de la corvette à Brest le jeune volontaire, qui avait quitté le port quelques mois auparavant pour la première fois, était déjà devenu matelot, non pas peut-être matelot *fini*, mais matelot admirablement commencé. Une autre campagne devait suffire pour lui donner le *poli*, le *velouté* et la grâce professionnelle qui manquaient encore à son peu d'expérience des choses les plus exquises du métier.

En ce beau temps de bons coups à recevoir et à donner, la course, cette noble industrie des courages aventureux, était en grand honneur dans tous les ports de la République, et il ne se passait guère alors de jour que l'on ne vît attérir sur nos côtes, et à la barbe des croiseurs anglais, les riches prises que nos heureux corsaires parvenaient sans beaucoup de peine à amariner au large. Brest, comme on le pense bien, le magnifique port de Brest n'avait eu garde de rester en arrière des autres cités maritimes, qui, comme Saint-Malo, Nantes et Bordeaux, avaient déjà fait jaillir de leur sein belliqueux une foule de bâtiments légers, devenus la terreur des convois anglais. Un corsaire avait été construit dans ce célèbre arsenal de Brest, sur une des places de la ville. Ce navire, ainsi bâti, pour ainsi dire, des mains du peuple et au milieu de la rue, avait reçu sur le carrefour qu'on lui avait choisi pour chantier le nom du *Cent-Pieds* * ;

---

* Le corsaire *le Cent-Pieds*, ainsi nommé par allusion à la longueur du navire ou à la vitesse que l'on attendait de sa marche, fut construit sur la Place au blé, dans l'intérieur de la ville, à près de vingt toises au-dessus du niveau de la mer. Toute la population de Brest donna la main au lancement de ce navire, qui eut un sort bien moins heureux que celui dont il m'a plu de favoriser *le Cent-Pieds* que je fais figurer dans mon petit roman.

et, lorsque le *Cent-Pieds* se trouva disposé à être envoyé à la mer, on vit tous les Brestois s'attacher avec enthousiasme à sa svelte carène, pour lui faire parcourir sur des rouleaux la rue inclinée qui séparait encore le ber où il avait été construit des eaux sur lesquelles il devait majestueusement flotter pour la plus grande gloire de ses armateurs.

Pendant les trois ou quatre semaines que dura l'armement de ce beau lougre tous les habitants, les enfants et les femmes même de la ville de Brest, ne cessèrent d'admirer le navire bien-aimé que, dans sa sollicitude maritime, toute une cité semblait avoir adopté comme l'enfant gâté du pays.

Les formes, l'élégance du *Cent-Pieds*, et surtout la hasardeuse navigation qu'il allait entreprendre, séduisirent la jeune et inflammable imagination de Taillebois, qui s'éprit tout de bon d'amour pour un corsaire plus qu'il n'eût fait pour la plus belle et la plus jolie fille de la terre. Le belliqueux matelot, voulant en finir avec cette passion nouvelle en la satisfaisant au plus vite, alla trouver le capitaine de *la Prévoyante*, ce chef dont il avait déjà éprouvé toute la paternelle bienveillance, et il lui dit :

— Mon commandant, j'ai une envie du diable de faire la course !

— Eh bien, mon ami, fais la course si telle est ta fantaisie, et fais-toi porter sur le rôle d'un fin corsaire, et surtout avec un vaillant capitaine, puisque tu crois que c'est là ta vocation, lui répondit le capitaine de la corvette.

— Oui, mon commandant, reprit Taillebois, c'est là mon intention, et, je crois aussi, ma destinée ; mais, avant de disposer de moi selon mon caprice, je suis venu savoir ce que me conseillerait votre expérience. Grâce aux bontés que vous avez eues pour moi et à la protection dont vous m'avez honoré, je suis devenu déjà un petit brin matelot, et maintenant, après avoir vu la mer au large et l'ennemi d'assez près pour le compte de la République, j'ai le désir de travailler un peu en grand pour mon compte particulier. Un corsaire neuf est là dans le port; vous l'avez vu; il faut des hommes de bonne volonté à ce corsaire : je suis homme, la bonne volonté ne me manque pas plus que la force, et, ma foi! j'ai pris mon parti, et je contenterai mon désir moyennant votre permission et votre assistance.

— Ma permission tu l'as d'avance, car je ne la refuse jamais aux jeunes gens qui veulent me quitter pour aller plus vite ou pour faire mieux qu'avec moi; mon assistance tu l'auras aussi, car je l'accorde toujours aux braves garçons de ton échantillon. Ainsi donc, de quelque côté que tu me prennes, tu peux compter sur moi de tous les bords et en toute occasion. Mais, puisque maintenant il est à peu près décidé que nous allons nous séparer, fais-moi, je t'en prie, le plaisir de me dire, avant que chacun de nous prenne son point de départ, ce que peut renfermer le petit coffre mystérieux que tu portes sans cesse à la suite de ton sac, et qu'il t'a pris fantaisie de me donner à garder dans ma chambre le jour où nous avons eu affaire avec le brick anglais.

— Ce petit coffre, mon commandant, il est bon de vous le dire, renferme un secret, puisque vous tenez à savoir ce qu'il contient.

— Moi j'avais d'abord supposé qu'il contenait un trésor.

— Et un secret, que je ne veux confier qu'à vous seul, car c'est pour moi plus qu'un trésor. Tenez, voici la clef de cette boîte : ouvrez la, voyez et devinez.

Le commandant prit la clef, ouvrit la cassette, et, après avoir jeté les yeux sur les objets qu'elle renfermait, il s'écria, tout étonné et en riant presque aux éclats :

— Eh! Dieu me pardonne! c'est là un habit complet de marquis!

— Commandant, c'est vous qui l'avez dit : c'est en effet un équipement entier de marquis de l'ancien régime; et c'est le costume que ma naissance, qui est venue trop tard, m'avait destiné à porter avant la révolution, qui pour moi est arrivée un peu trop tôt.

— Bah! tu plaisantes! Est-ce que, par hasard, tu serais né marquis, là, sans farce?

— Sans farce, comme j'ai déjà eu l'honneur de vous l'affirmer, mon commandant.

— Ah! c'est donc ça, je m'en souviens à présent, que l'on m'a si souvent rabâché que tu appartenais à une ancienne famille du pays! Mais, en admettant l'illustration passée, et, malheureusement pour toi, très-passée de ton origine, fais-moi la grâce de m'expliquer ce qu'il peut y avoir de commun entre la noblesse de ton extraction et ce costume que tu trinquebales dans une boîte comme une relique, toi qui n'as pas cru déroger à tes ancêtres en venant servir la République en qualité de simple novice à 15?

— Ceci est encore un mystère, ou plutôt une histoire, mon commandant; et, comme je vous ai déjà confié mon premier secret, je ne vois pas pourquoi je ne vous conterais pas toute mon histoire. Il faut d'abord vous apprendre que dans mon pays, près de Saint-Brieuc, comme vous savez, j'aimais la fille d'un riche baron créole. Elle avait quinze ans, cette noble fille, et malgré la révolution il lui restait 1,500,000 livres de dot à l'Ile-de-France, où ses parents étaient nés. Après lui avoir fait pendant six mois une cour des mieux conditionnées je lui demandai sa main, et elle répondit à mon amour et à mon empressement en me déclarant tout net et tout sec qu'elle n'épouserait jamais qu'un marquis réintégré dans ses titres et possessions, ou bien qu'un héros à défaut de marquis.

— Quelle singulière idée pour une petite fille de quinze ans !

— Cette idée me plut par sa singularité même, qui s'accordait au reste assez bien avec la bizarrerie de mon caractère. Je savais combien il était difficile, pour plaire à ma maîtresse, de redevenir marquis aujourd'hui que l'on ne veut plus entendre parler de marquisat : il me parut moins difficile, en y réfléchissant un peu, de devenir un héros, car de ceux-là on en permet encore; et, pour commencer à mériter la main de ma prétendue, je suis venu à Brest m'enrôler en qualité de novice à 15 sur votre corvette. Voilà jusqu'ici mon histoire.

— Pas mal pour un début, quoique tu aies commencé d'un peu loin le chemin qu'il te reste encore à faire. Mais comment, dis-moi donc, mon cher marquis, puisque marquis il y avait, peux-tu espérer de devenir un jour un héros aux yeux d'une petite baronne en t'embarquant à bord d'un corsaire, et à la basse paye du poste que l'on pourra te confier?

— Eh! n'y a-t-il pas des héros de toute espèce et à toute paye? Pourvu qu'un jour on cite mon nom comme celui des Barberousse, des Doria, des Duguay-Trouin ou des Surcouf, ne serai-je pas dans les conditions rigoureuses du concours?

— Si, ma foi! et, selon moi, bien au-delà des règles de la convention; mais, aux yeux de ta baronne, cela sera peut-être bien différent : une baronne, vois-tu? quoique je ne m'y connaisse guère, doit être, à mon avis, assez difficile sur l'article. Au surplus, puisque le dé en est jeté et que ta vocation paraît être tracée par le doigt du sort dans le ciel, où sont, dit-on, écrites toutes nos destinées, navigue tant que tu pourras, mon cher ami, navigue le cap sur ton étoile et l'avant toujours en route. En attendant, commence par reprendre ton coffret, et viens avec moi au bureau des classes pour que je te donne l'autorisation, avec une bonne note au bout, de passer de la corvette *la Prévoyante* sur le corsaire à bord duquel il te plaira de mettre ton sac de matelot et ton costume de marquis.

— Merci mille fois, mon commandant! Je n'en attendais pas moins de vous, et jamais de ma vie je n'oublierai...

— Oui, oui, c'est cela. N'oublie pas surtout de dire de ma part, si quelque jour tu revois ta petite princesse, qu'elle peut se flatter d'avoir eu là la plus drôle d'idée qu'une femme ait pu encore se fourrer en long ou en travers dans la cervelle.

Taillebois se trouva bientôt embarqué, avec son sac, son coffret et un trait de plume du commissaire de marine, sur le lougre *le Cent-Pieds*, qui n'attendait plus pour partir que le reste de son équipage et le bon vent qu'il plairait au ciel de lui envoyer. Le brave commandant de *la Prévoyante* fit tant et si bien en cette circonstance pour le jeune matelot dont il avait encouragé les premiers efforts qu'il réussit à le faire placer comme sous-lieutenant à bord du corsaire sur lequel il allait faire sa seconde campagne. Les bonnes gens à la façon du capitaine de *la Prévoyante* n'étaient pas rares alors dans notre marine militaire. Les gens de science et de tenue l'étaient beaucoup plus, malheureusement; et ce furent les trop bonnes gens qui perdirent notre marine. Mais c'est moins de tout cela qu'il s'agit aujourd'hui que de la petite histoire que nous avons à raconter à nos lecteurs.

La veille du départ du fameux *Cent-Pieds* le jeune Taillebois fit en se rendant à bord, son mince paquet sous le bras, une rencontre à laquelle il était bien loin de s'attendre : au détour d'une rue le malheureux se trouva face à face avec une jolie demoiselle que conduisait un vieux gentilhomme qui ne lui était déjà que trop bien connu. La belle étrangère, en reconnaissant le marquis sous de gros habits de marin, s'écria : — C'est lui, mon père ! c'est lui !... Le jeune marquis, de son côté, en se rencontrant nez à nez avec sa prétendue et son futur beau-père, se dit en lui-même : — C'est la petite et cruelle baronne et monsieur le baron !... L'aimable baronne faillit s'évanouir de ce coup inattendu ; et, pendant que monsieur son père employait tous ses efforts pour la tenir raide sur son bras lassé, le marquis de Taillebois, à qui son émotion n'avait pas heureusement ravi l'usage des jambes, se servit de toute sa vigueur ambulatoire pour aller se jeter à bord du *Cent-Pieds*, qui, la nuit suivante, appareilla avec une forte brise de nord-est pour vider le goulet de Brest et courir quelques longues bordées à l'ouvert de la Manche.

La belle et fière Isoline, la petite baronne enfin, que nous venons de rencontrer avec son noble père dans les rues de Brest, ne s'était pas rendue dans cette ville pour y retrouver, comme on pourrait d'abord le supposer, le jeune Ernestin de Taillebois. Le soin avec lequel le romanesque marquis avait su dérober les traces de sa fuite en partant, il y avait quelques mois, de son pays natal pour venir s'embarquer sur un bâtiment de l'État, aurait rendu inutiles toutes les recherches de la fille du baron, quand bien même on aurait pu penser qu'un sentiment secret eût conduit cette beauté altière à se mettre à la poursuite de l'homme dont elle avait repoussé les premiers vœux. Un motif plus vulgaire, mais aussi plus raisonnable qu'un entraînement amoureux, avait amené Isoline dans le lieu même que, depuis quelque temps, habitait à son insu l'amant dont elle avait dédaigné ou plutôt ajourné les hommages. Les biens que possédait le baron, et dont sa fille devait hériter un jour, se trouvaient être en partie situés à l'Ile-de-France. La nécessité de surveiller ces propriétés éloignées, qui pendant la révolution s'étaient trouvées abandonnées aux soins d'un économe, avait déterminé le noble habitant à se rendre dans la colonie, sur laquelle avait cessé de gronder le tonnerre des dissensions civiles et des troubles intestins; et comme, à la veille d'entreprendre ce long voyage, le baron avait vu sa fille manifester le désir de partager les dangers auxquels il allait s'exposer pour lui assurer une riche succession, le baron ne s'était pas senti la force de partir sans sa chère Isoline. C'était deux ou trois jours après être arrivés tous deux à Brest pour s'embarquer sur un bâtiment qui allait faire voile pour l'Ile-de-France qu'Isoline et le baron s'étaient heurtés avec le fugitif marquis.

Cette rencontre soudaine, imprévue ne laissa pas

que de produire sur l'âme de la noble fille une impression des plus vives, malgré l'indifférence apparente avec laquelle elle avait, quelques semaines auparavant, accueilli la déclaration d'amour du beau jeune homme. — Comment, se disait-elle, le marquis a-t-il pu fuir ainsi sa famille pour venir se cacher ici sous des habits de marin ? et quel motif assigner à cette étrange retraite et à ce déguisement encore plus inconcevable ? Aurait-il, par hasard, couru, dans quelque complot terrible, un danger qui l'eût forcé à se dérober, sous ce costume d'emprunt, à la vigilance de ceux qui le poursuivent ? ou plutôt, oubliant son rang et son origine, aurait-il, en se plongeant dans l'abjection d'une classe dont il était né si éloigné, cherché à se venger de mes rigueurs par le mépris du rang auquel je voulais l'appeler à force de mérite et de réputation ?... Ah ! s'il en était ainsi, combien il se serait mépris, le malheureux, sur la pureté et l'élévation de mes sentiments ! Moi qui voulais lui tracer, à force d'amour, une carrière de gloire et de renommée au bout de laquelle il eût trouvé ma main, je n'aurais peut-être réussi qu'à le perdre en cherchant à trop l'élever au-dessus de lui-même et de moi!....... Pauvre Ernestin! combien ses traits sont changés et comme il m'a paru souffrant! Avec quelle promptitude surtout il nous a évités!...Oh! n'en doutons plus, il est coupable ou il s'est senti avili, et il n'y a plus aujourd'hui entre lui et moi aucun lien qui puisse rapprocher deux cœurs si peu faits pour se comprendre!... Partons, et partons vite s'il se peut, pour fuir loin, bien loin, le plus loin possible, cette terre où je désire ne pas même laisser un souvenir. L'absence amènera l'oubli, et l'éloignement deviendra mon refuge contre de trop tardifs et de trop inutiles remords.

Le bâtiment qui allait arracher Isoline à cette terre qui lui rappelait tant de sujets de douleur partit pour l'Ile-de-France. Le lougre *le Cent-Pieds*, qui devait emporter Taillebois à la gloire, était déjà bien loin. Nous ne suivrons sur les mers aucun de ces deux navires entraînés, à une si grande distance l'un de l'autre, vers des buts si différents. Seulement, pour rappeler ici tout ce qu'il n'est pas permis d'omettre dans une narration fidèle, nous dirons qu'après sept à huit mois de courses, de chasses, de relâches, d'appareillages et de combats, le corsaire *le Cent-Pieds* fit tant et si bien des siennes qu'il parvint à assurer la fortune de ses heureux armateurs, et un peu aussi celle de son vaillant équipage.

Durant ce temps de rudes épreuves et de succès péniblement conquis, on doit bien penser que le courageux Taillebois ne laissa guère passer les occasions de se distinguer dans la profession qu'il avait embrassée avec tant d'ardeur et au prix de tant de sacrifices d'amour-propre. A la mer, et surtout en temps de guerre, les circonstances favorables au développement des hautes facultés du marin ne manquent que rarement aux hommes dévoués : ce sont presque toujours les hommes, au contraire, qui manquent aux grandes circonstances; mais notre intéressant marquis ne fit pas plus faute aux bonnes aubaines qui s'offrirent sur sa route que les bonnes aubaines ne lui firent défaut à lui-même. A la première sortie du *Cent-Pieds* il n'était que sous-lieutenant; à la seconde croisière il se trouvait déjà en état et en position de commander une prise; à la troisième course il se trouva pourvu d'une des quatre premières lieutenances du bord, place restée vacante par la mort du titulaire, tué dans un abordage. Les abordages alors entraient pour les trois quarts au moins dans l'avancement des jeunes sujets. Les intrigues de salon aujourd'hui ont remplacé les chances qu'offraient alors les périls de l'abordage; et aux abordages de navires ont succédé, pour le temps présent, les abordages de cour.

Au commencement du printemps *le Cent-Pieds*, accablé du poids de ses nombreux succès, et surtout des chasses qu'il lui avait fallu appuyer ou essuyer pendant l'hiver, alla désarmer ou se reposer, comme un vieil athlète époumoné, dans le port de Saint-Malo; de Saint-Malo, entendez-vous bien? cet Alger de la France, moins la piraterie et les Bédouins, et plus le courage et la générosité.

Au moment où le glorieux *Cent-Pieds* allait mettre à terre son équipage mutilé et son gréement haché par la mitraille ennemie, un autre corsaire se disposait à prendre bientôt la mer pour se rendre dans l'Inde, et chercher fortune dans ce pays des gros vaisseaux de la compagnie anglaise et des lourds galions chargés encore des richesses du Bengale et de la Chine.

Le nouveau corsaire malouin, avec lequel nous allons bientôt faire connaissance, se nommait *le Revenant* et son capitaine Surcouf, ou Robert Surcouf si vous voulez, ou mieux encore, comme plus tard le baptisa Napoléon, *le brave Surcouf*. C'est là le titre et le nom qui sont restés à cet intrépide homme de mer, baptisé de la bouche du plus grand homme de guerre que les braves aient jamais pu avoir pour parrain. Taillebois, en apprenant le nom du capitaine du *Revenant,* eut envie d'embarquer sur le navire qu'allait commander le marin célèbre.

Le capitaine, en s'informant de ce qu'avait fait le jeune lieutenant à bord du *Cent-Pieds,* désira l'emmener dans l'Inde avec lui. Les deux Bretons se virent, et Surcouf dit à Taillebois dès la première entrevue qu'ils eurent ensemble : — Vous êtes un brave jeune homme, et j'aime les jeunes gens comme vous parce qu'il m'en faut, et que j'en consomme passablement à l'occasion.

Le lieutenant du *Cent-Pieds* répondit au capitaine du *Revenant* : — Je vous aime, capitaine, parce que j'aime la gloire, et je suis à vos ordres de la tête aux pieds comme votre corsaire est à vous de la carlingue à la pomme du grand mât.

— Ce que vous me dites là n'est pas mal, reprit le capitaine, et je vous prends pour second, non pas, entendez-vous bien? parce que vous savez faire de l'esprit, mais parce que je suis certain que vous saurez faire votre métier encore mieux que de beaux compliments et de jolies phrases.

Le jeune homme, à ces mots, sentant la rougeur lui gagner le visage du menton jusqu'au bout des oreilles, s'essuya du dos de la main une larme d'attendrissement et d'orgueil, et salua avec les marques du plus profond respect et de la plus vive reconnaissance le glorieux et nouveau capitaine qu'il venait de se donner et de conquérir.

Tout fut dit dès-lors entre les deux officiers. Il y a des hommes qui s'entendent et qui se comprennent sans avoir besoin de beaucoup se parler, ni même de se voir ou de s'étudier bien longtems; et cela doit arriver toutes les fois que ces hommes ont beaucoup plus de franchise et de valeur réelle que d'éloquence à faire valoir et de temps à perdre en verbiage.

L'affaire étant réglée de la sorte entre le capitaine et son lieutenant, le trois-mâts *le Revenant* prit le large en envoyant pour adieu un coup de canon à poudre à la terre natale de Saint-Malo, et en lançant toute une volée à mitraille à une frégate anglaise qui avait cru pouvoir le bloquer dans le port où il venait d'être armé.

Quoique fort neuf dans la pratique d'un métier très-difficile, le nouveau second du *Revenant* sut bientôt, à force de dévouement et d'intelligence, suppléer si bien à l'expérience qui lui manquait encore qu'au bout de quinze à vingt jours de mer il entendit le capitaine Surcouf lui dire qu'il n'était pas trop mécontent de lui. Une mention honorable au *Moniteur universel* aurait fait cent fois moins de plaisir au jeune officier que ce compliment presque négatif, car c'était quelque chose, savez-vous bien? que d'avoir trouvé le moyen de ne pas mécontenter un homme comme Surcouf! Il ne fallait plus à Taillebois qu'une bonne occasion de se distinguer sous les yeux de l'illustre chef, dont il eût payé le moindre suffrage au prix de toute sa vie. Cette occasion se présenta bientôt toute seule, et avec toutes les circonstances accessoires qui pouvaient la rendre précieuse pour celui qui la désirait le plus vivement.

Aux environs des îles du Cap-Vert, et entre les gros rochers dont les sommets escarpés sortent des flots pour former ce petit archipel, on découvrit sur l'avant du *Revenant* une voile, une voile haute et blanche qu'arrondissait la brise, et qui semblait chercher à se cacher parmi les îlots que continuait de son côté à approcher le corsaire français. *Le Revenant* orienta à courir sur la voile aperçue; c'était son métier. Surcouf après une heure de chasse devina, avec cet instinct qu'ont acquis comme un sixième sens tous les vieux marins, qu'il faudrait encore deux heures avant que *le Revenant* pût joindre le bâtiment poursuivi.

— Avertissez nos gens, dit-il à son second, que la moitié de l'équipage peut aller se coucher pendant une bonne heure et demie, pour être plus disposée ensuite à se brosser convenablement si, comme je l'espère, nous devons nous donner une poillée avec le navire en vue.

L'avis fut transmis à l'équipage, qui profita en partie de la permission qui venait de lui être donnée de faire un somme préparatoire.

Quant à Taillebois, qui avait passé la moitié de la nuit précédente sur le pont et qui aurait pu user du bénéfice de la trêve octroyée par le capitaine aux hommes un peu fatigués, il jugea à propos de mieux employer son temps qu'à dormir comme les autres. Il avait depuis près d'un an conçu et mûri un projet, et ce projet il songea à l'exécuter en demandant à Surcouf l'autorisation de s'habiller en marquis dans le cas où le corsaire viendrait à se mesurer avec le bâtiment chassé.

— Quelle drôle de fantaisie avez-vous donc là? s'écria le capitaine tout étonné. Vous habiller en marquis! Et pourquoi cette mascarade?

— Pour contenter un caprice que j'ai depuis longtemps, répondit le second, et pour un autre motif que je n'ai pas le temps de vous expliquer aujourd'hui.

— Mais, mon bon ami, ne craignez-vous pas, en vous déguisant ainsi, de faire mourir de rire tout l'équipage à vos dépens?

— Si l'équipage meurt aujourd'hui, ce ne sera pas de rire à mes dépens, je vous le promets, capitaine, quand il me verra au feu sous mon costume de gentilhomme; car le cœur d'un vaillant garçon continuera à battre dur sous cet habit de fantaisie, et surtout au moment de se donner la peignée que vous nous aurez préparée.

— Allons, mon cher ami, habillez-vous, déguisez-vous, travestissez-vous enfin comme vous l'entendrez, pourvu que vous vous frottiez à mon idée sous l'uniforme que vous prendrez. L'habit, vous comprenez bien, ne fait pas grand' chose pour moi à l'affaire; mais vous conviendrez que vous avez choisi pour costume de combat un accoutrement diantrement baroque!

Lorsqu'après avoir fait sa toilette dans sa chambre Ernestin Taillebois remonta sur le pont, les bas chinés étroitement collés au mollet, l'habit brodé et pailleté coquettement envergué sur les épaules, tout l'équipage, ainsi que l'avait prévu le capitaine Surcouf, se prit à rire de toutes ses forces. Et Dieu sait avec quelle puissance d'hilarité communicative rit tout un équipage qui s'est laissé gagner par la belle humeur ! — Le second se croit-il en carnaval, disaient les uns, pour se déguiser en mardi-gras de cette façon? — Est-ce qu'il se serait plutôt imaginé, marmottaient les autres, avoir reçu un billet d'invitation pour le prochain bal paré et masqué à la cour de défunt Louis XVI? — Bah! vous ne voyez pas, répondaient les plus indulgents, que notre pauvre bigre de second a perdu le dedans de sa boule à esprit?... Ce que c'est cependant que de nous!... C'est une envie rentrée d'être marquis qui lui aura chaviré la tête la quille en dessus... Voyez un peu : il n'a pas eu soin, en embarquant avec lui ses habits de *ci-devant* dans son coffre, de prendre tant seulement une épée en civadière et fourrée de peau de requin blanc, comme en portaient anciennement les marquis en dessous de la première basque de leur uniforme d'ordonnance de noblesse!...

— Non! s'écria alors Taillebois qui venait d'entendre cette dernière plaisanterie, non, je n'ai pas apporté d'épée en civadière avec moi, il est vrai; mais ce sabre d'abordage en fera le service; et faites en sorte, je vous le conseille, vous qui avez aujourd'hui la langue si bien affilée, qu'il ne me serve pas à relever la mine du premier qui se baisserait un peu trop bas pour éternuer devant les boulets qui vont nous faire prendre une prise de tabac anglais!

— Il est devenu tout à fait fou, mon malheureux second, se disait en lui-même Surcouf en regardant et en examinant, avec un air de commisération, le pauvre Taillebois sous ses oripeaux de marquis. Mais c'est dommage, pas moins, car c'était un brave jeune homme, que j'aurais un jour mené bon train et poussé droit du côté de l'avancement.

Les matelots, l'œil fixé sur la figure impassible de leur capitaine, se turent cependant en étouffant à peine le gros rire qui gonflait leur poitrine. Ils étaient déjà rangés à leurs postes de combat. Le marquis de Taillebois, monté sur l'affut d'un des canons du gaillard d'avant, avait pris, sous le nouveau costume de cour qu'il allait étrenner ce jour-là, une attitude plus gracieuse encore qu'héroïque, quoiqu'il continuât à tenir d'une main ferme le terrible sabre d'abordage dont il avait jugé à propos de s'armer pour compléter d'une manière assez burlesque sa toilette aristocratique. C'était à bord le seul homme qui eût encore gardé son sérieux, grâce à l'avantage qu'il avait eu sur les autres de ne pas se voir accoutré comme il l'était en ce moment. *Le Revenant* ne se trouvait plus alors qu'à une petite portée de fusil du navire qu'il faisait fuir devant lui depuis trois heures. Ce navire, au reste, était un trois-mâts anglais de 16 à 18 canons; et tout annonçait un engagement aussi prochain qu'inévitable entre les deux bâtiments ennemis. Surcouf, en examinant de près l'adversaire auquel il allait chercher chicane, prévint tout son monde qu'il était dans l'intention formelle qu'on ne tirât pas à son bord un seul coup de canon, ni même un seul coup de fusil : — C'est à la muette, dit-il, qu'il nous faut escamoter le voisin sur lequel nous gouvernons. Le navire est mignon, il ne marche pas trop mal : il pourra plus tard nous être bon à quelque petite chose, et il serait dommage de l'avarier maladroitement en lui faisant manger une ration de boulets et de mitraille plus forte que celle qu'il est en état de recevoir. Ainsi donc, les enfants, rien que de l'abordage pour aujourd'hui ; c'est un engagement *à la douce* que nous allons avoir; l'exercice à feu aura son tour une autre fois.

Le trois-mâts *mignon*, en se sentant serrer délicatement la hanche par un bâtiment armé qui semblait chercher à le prendre à la sourdine, jugea à propos de contrarier un peu les projets que son indiscret voisin semblait avoir formés sur lui, en envoyant obliquement à celui-ci une demi-volée d'introduction. Cette bordée assez incivile avait été chargée à mitraille, et elle alla chatouiller de biscaïens ronflants et de balles sifflantes les *hauts* ébranlés du *Revenant*. Le marquis de Taillebois, placé, comme on dit, aux premières loges, reçut, sans daigner même fermer les yeux, les éclaboussures de ce premier coup d'éventail, et deux ou trois grosses chevrotines allèrent même percer son habit de soie sans qu'il jugeât à propos de prendre garde à cette sorte de brutale entrée en matière. — Plus d'un autre marquis, à ma place, dit-il en souriant, aurait fait dire à nos gens : *Allons, saute marquis!* mais un marquis comme moi ne *sautera* que pour grimper le premier à l'abordage de cet Anglais; et vous allez voir!

Au moment même où le vaillant second du *Revenant* tournait si joliment cette petite épigramme Surcouf venait d'ordonner l'abordage, et, comme il s'était fait un plaisir de l'annoncer il y avait à peine une minute, M. le marquis s'élança à la tête des plus alertes sur le bastingage du navire accosté en s'écriant, toujours épigrammatiquement : — Maintenant le moment est arrivé : *allons, saute marquis!*

Le marquis sauta en effet si fort et si bien, une fois rendu à bord de l'ennemi, que le trois-mâts anglais se rendit au bout d'un quart d'heure de résistance au corsaire vainqueur.

Le trois-mâts ainsi enlevé était un négrier que le commerce de Liverpool avait armé et équipé avec un certain luxe pour aller faire une grande opération de traite sur la côte d'Afrique. L'humanité anglaise n'avait pas encore songé à déclarer infâme le trafic des esclaves, qui alors rapportait 300 pour 100 à peu près aux philantropes futurs de la Grande-Bretagne. Ce n'est que plus tard, et quand le commerce n'allait plus aussi bien, que l'humanité européenne est venue et que les scrupules humanitaires de la politique sont arrivés pour abolir, comme vous le savez, l'ignoble commerce connu sous le nom de *Traite des nègres*.

Par une singularité de hasard qui ressemblait presque à une ironie cruelle, on remarqua comme un fait assez piquant à bord du *Revenant* que le négrier capturé se nommait *le Jérémie Bentham,* le nom du plus constant adversaire de la traite. C'était une épigramme sanglante que les armateurs avaient cru décocher contre l'ami des esclaves en baptisant ainsi un navire destiné à trafiquer des esclaves. Les épigrammes commerciales, comme vous le voyez, en valent bien d'autres, quand le commerce se mêle de vouloir faire de l'esprit à sa manière.

La conduite gaie et courageuse du marquis de Taillebois dans l'engagement qui venait d'avoir lieu plut à Surcouf, surtout par le côté original qui la lui avait fait remarquer; et, pour témoigner à son second la satisfaction qu'il venait de lui faire éprouver, il lui confia de suite le commandement du *Jérémie,* en lui assignant comme point de rendez-vous l'Ile-de-

France, et en lui donnant cinquante hommes pour lui offrir les moyens de conduire la prise à bon port.

Le voyage des deux bâtiments, naviguant chacun de son côté, fut heureux et prompt. *Le Jérémie* n'arriva cependant que trois ou quatre jours après *le Revenant* au port nord-ouest de cette charmante colonie de l'Ile-de-France dont la guerre avait fait un paradis maritime pour nos équipages victorieux, et un boulevard si redoutable aux navires de l'Inde anglaise.

L'emploi de la jolie prise du corsaire *le Revenant* fut bientôt trouvé : on l'arma en course sous les ordres de Taillebois, et, au lieu d'aller à la côte d'Afrique prendre une cargaison d'esclaves pour le compte des Anglais, *le Jérémie* alla, avec des Cafres et des Malais, courir bon bord contre les Anglais pour le compte particulier des Français.

Le début de Taillebois comme capitaine fut brillant quoique un peu pénible, et retentissant surtout, car le marquis sut, dès les premiers pas de sa carrière, jeter sur ses traces cette sorte de fleur d'étrangeté qui plaît tant d'ordinaire à la foule de ces esprits vulgaires qui font tôt ou tard la popularité d'un nom ou la réputation d'un talent. Toutes les fois que le jeune capitaine trouvait l'occasion de se battre en mer, et les occasions lui manquaient rarement, il n'oubliait jamais de revêtir son bel habit de marquis; et, sous ce costume de combat et de cour, il déploya une grâce si noble, une aisance si exquise dans la plus grande vivacité du feu, que l'on finit par ne plus rire du tout de son travestissement, et par admirer autant l'élégance de sa tournure et de ses manières que l'intrépidité et l'audace dont il avait déjà donné plus d'une preuve éclatante. Bientôt les marins, témoins de ses exploits et amoureux de son courage, ne le désignèrent plus que sous le nom du *brave marquis,* non pas par dérision ou par ironie, comme on pourrait d'abord le croire, mais par suite de l'estime réelle et du respect sincère que leur inspiraient la valeur et le caractère de ce jeune homme singulier qui, non content de porter un noble titre, avait voulu anoblir encore son titre par la splendeur de son mérite individuel.

Une aventure piquante vint encore ajouter un nouvel éclat à la renommée que le marquis s'était déjà faite dans le public.

Certain jour que Taillebois rentrait au Grand-Port de l'Ile-de-France avec deux riches prises qu'il avait été capturer près du cap Comorin il trouva, mouillée sur la rade où il arrivait en triomphe, une corvette anglaise. Cette corvette était venue la veille, en parlementaire, réclamer près du gouverneur contre une violation des lois de la guerre que le commandant de la croisière ennemie s'était cru en droit de reprocher aux corsaires français. Le soir même de la rentrée du trois-mâts de Taillebois les habitants du Grand-Port donnaient un bal paré et masqué ; on était alors dans le carnaval. Les Français, comme on le sait, sont de tous les peuples connus celui qui s'entend le mieux à faire les honneurs de chez lui aux gens avec lesquels il est habitué à se couper la gorge. Les créoles du Grand-Port ne crurent pouvoir rien faire de plus galant que d'inviter à leur fête le commandant et les officiers de la corvette ennemie. Taillebois, ainsi qu'on l'a sans doute déjà prévu, fut aussi convié à vouloir bien honorer de sa présence une réunion dont il devait faire un des plus dignes ornements. Le bal commence : les masques abondent, les travestissements sont aussi variés que recherchés. Taillebois paraît, mais le visage découvert et presque sans s'être déguisé, car il n'a pris pour costume que son habit de marquis, comme s'il ne s'était agi pour lui ce jour-là que d'assister à un abordage ou à un combat. A peine le pauvre marquis se trouve-t-il entraîné dans la foule qui tourbillonne en caquetant, en dansant et en folâtrant autour de lui, qu'il se voit presque en même temps provoqué par les agaceries d'une bergère et les cajoleries d'une vieille comtesse. La bergère est svelte, mignarde et spirituelle; la comtesse est grande, grosse et brusque, et tout son ensemble porte l'indice de la virilité, qu'elle s'efforce en vain de dissimuler en adoucissant le ton de sa voix et en réprimant la puissance qui semble être naturelle à la rudesse de son geste. Assez embarrassé d'abord de répondre à la fois aux deux masques qui sont venus l'aborder en même temps, le marquis prend, pour mieux se tirer d'affaire, un parti décisif : il se laisse attirer par la bergère loin des groupes d'où la comtesse paraît être sortie pour l'attaquer, et, une fois qu'il se sent loin des importuns et des indiscrets, il demande à l'aimable guide auquel il s'est abandonné :

— Bergère, nymphe ou pastourelle, dis-moi le plus vite que tu pourras, et si tu le sais toi-même, ce que tu me veux.

— Galant et beau gentilhomme, lui répond le joli masque, je veux te dire ce que personne ne sait encore sur ton compte.

— Tu es donc bohémienne, devineresse ou sybille?

— Non, rien de tout cela; car c'est moins de l'avenir que je veux te parler que du passé.

— Parle, j'écoute. Mais crois bien qu'il y a beaucoup de choses mystérieuses à deviner dans mon passé, et qu'il ne te faudra rien moins qu'une grande science pour me dire la vérité.

— Une question que je vais t'adresser, et à laquelle je te prierai de répondre, te prouvera jusqu'où peut aller ma pénétration... Dis-moi : te crois-tu un *héros*?

— L'étrange question en effet!... Et que puis-je te répondre sans m'exposer à te paraître ridicule ou trop réservé?

— Ce que tu jugeras convenable, mais enfin réponds-moi : te crois-tu un *héros*?

— Plût à Dieu que je le fusse!

— Tu aurais mieux fait de dire peut-être : Plût à Dieu qu'Isoline le crût!

— Isoline, dis-tu!... Et qui t'a appris ce nom, que je n'ai prononcé à personne et que personne ne m'a fait entendre depuis plus de sept ans?

— L'art que je possède, et que ton incrédulité a nié lorsque je t'ai annoncé que je savais lire dans le passé.

— Qui que tu sois et de quelque part que tu aies su le secret de ma vie, apprends-moi, je t'en conjure, ce que je dois croire de ce que tu me dis et ce que je puis espérer de...

— Mais songe en ce moment que c'est sur l'avenir que tu m'interroges, et qu'il ne m'est permis de lire que dans le passé.

— Ah! plus de plaisanterie, je t'en supplie, avec ce qu'il y a jamais eu de plus sérieux dans toute mon existence! Ton badinage deviendrait de la cruauté.

— Ce qu'il y a jamais eu de plus sérieux dans ta vie, dis-tu? Bah! une amourette!

— Dis plutôt la seule passion que j'aie encore éprouvée!

— Tu aimes donc encore Isoline?

— Plus que jamais! et si ta science est vraie, tu ne dois pas douter de ma sincérité.

— Et tu continueras à mériter sa main?

— Est-ce que j'aurais déjà commencé?

— Trop modeste défiance, en vérité, pour un homme que l'on cite au premier rang des plus braves marins de l'île!

— Et que dois-je donc encore espérer? toi qui parais si bien savoir...

— Tout!

A peine la jeune bergère eut-elle prononcé ce mot, ce seul et unique mot, qu'elle échappa au marquis stupéfait, ravi, enivré, en lui commandant par un geste de ne pas la suivre. Et, lorsque les regards du marquis se furent perdus dans la foule avec le riant fantôme sur lequel ils s'étaient si délicieusement arrêtés pendant ce dialogue trop court, hélas! le pauvre amant d'Isoline ne retrouva plus auprès de lui que la vieille comtesse, dont le masque grimaçant semblait rire de l'étonnement dans lequel venait de le laisser la fuite de la séduisante inconnue.

— Eh bien! lui dit avec un accent étranger et un ton goguenard la colossale comtesse, qu'est-ce que le petit bergère il avait fait à vous, monsieur le marquise?

— Elle m'a fait ce que je voudrais que tu me fisses, répondit avec assez d'humeur le marquis, elle m'a laissé seul.

— Seul, que vous disez? Ça n'était pas bien pour un bergère. Mais cé que vous venez de me diser n'était pas non plus bien galant pour un gentilhomme comme vous étés.

— Non; mais c'est, ce me semble au moins, assez intelligible pour une comtesse comme toi.

— Est-ce que le petite coquette s'était montrée très-fort cruelle avec votre galanterie?

— Non : elle s'est montrée seulement discrète, et, je le répète, peu disposée à m'obséder de questions importunes.

— Je vous importuné donc, monsieur le marquise, que vous voulez me diser ?

— Pas précisément : dis quelque chose de plus.

— Jé en étais bien fâchée, tellement que vous mé voyez, jé vous assioure; mais jé compté cépendant vous importuner beaucoup davantage si jamais j'ai avais le bonheur de vous rencontrer eilleurs qué au bal.

— Te rencontrer ailleurs! Dieu m'en préserve! Et où donc pourrions-nous nous revoir ailleurs qu'au bal, où l'on est si malheureusement exposé a rencontrer tout le monde?

— A la mer! et j'en avais depuis bien longtemps le envie, quoique ce ne être pas bien peut-être à une dame, à une lady comme je étais, de donner un tendre rendez-vous le première à un gentilhomme;

mais, comme le petite rendez-vious, entendez-vious? il ne sera pas un rendez-vious de amour, mais sioulement un rendez-vious de houneur, je pouvais espérer peut-être de me faire exquiouser ma inconvenance et mon témérité.

— Un rendez-vous d'honneur! et à la mer, dis-tu, belle comtesse? Tope-là! quelque extraordinaire que me paraisse cette proposition toute masculine dans la bouche d'une dame de ton rang, je l'accepte, et de grand cœur. Un chevalier français doit toujours répondre à un appel d'amour, et surtout à un appel d'honneur; et, quelque part que nous nous retrouvions, tu peux compter que je serai toujours, ou à tes côtés pour te défendre, ou devant toi pour te combattre.

— Jé pouvais donc maintenant bien compter sur vous, monsieur le marquise, pour me combattre ou pour me défendre au devant de moi?

— Comme sur toi-même.

— Au revoir, en ce cas, monsieur le aimable gentilhomme.

— Au revoir donc, trop belle et trop extraordinaire comtesse, au revoir.

Ces deux entretiens si différents que le marquis venait d'avoir avec deux personnages à qui, lui, presque étranger au pays et sortant pour ainsi dire de la mer, devait être à peu près inconnu, ne laissèrent pas que de l'intriguer beaucoup. Désireux plus qu'on ne saurait le penser d'obtenir quelques indices sur le nom et l'identité de la bergère et de la comtesse mystérieuses, il alla d'abord s'adresser aux deux ou trois personnes qu'il connaissait le plus et qui passaient pour connaître le mieux les hommes et les choses de la colonie, et, en moins d'une heure de recherches et d'informations, le curieux apprit de la bouche même d'un habitant expert en masques et maître en l'art de deviner son monde sous tous les déguisements, premièrement que la bergère était une femme, et que cette femme pourrait bien être en outre une jeune personne des environs du Grand-Port; secondement que la vieille comtesse était, à n'en pas douter, un homme selon toute apparence assez robuste, et que cet homme pourrait bien n'être autre chose qu'un plaisant de l'île qui, pour mieux cacher son nom, s'était efforcé d'imiter sous le masque l'accent dont ne peuvent guère se débarrasser que fort difficilement les Anglais qui se hasardent à s'exprimer dans notre langue.

Au surplus l'habitant questionné par le marquis eut soin d'ajouter, comme commentaire indispensable aux observations dont il venait de lui faire part, que, selon toute apparence, la jeune personne du bal devait être encore fille, eu égard à la finesse extrême de sa taille et à la fraîcheur toute virginale de sa voix aiguë et flûtée. Mais, quant à la vieille comtesse, continua-t-il, j'ai lieu de supposer qu'elle a déjà subi ou fait subir les lois de l'hymen, car tout annonce en elle une virilité plus que quadragénaire et une propension très-prononcée à toutes les habitudes qui conviennent à notre sexe ; et même, si j'en crois...

Ici Taillebois tourna les talons à son interlocuteur, sans attendre la fin encore assez éloignée de la période qu'il se disposait à terminer par une phrase.

Assez peu satisfait des renseignements encore trop vagues que lui avait fournis son habitant sur ce qui l'intéressait le plus dans sa double rencontre au bal, le marquis sortit vers deux heures du matin pour retourner à son bord. La nuit était belle, mais obscure, l'air paisible, mais d'une tiédeur étouffante. Un matelot du corsaire *le Jérémie*, le fanal à la main, et l'œil plongeant dans les ténèbres, qu'il voulait deviner avant de hasarder un pas, éclairait devant son capitaine la route qu'il leur fallait suivre tous deux pour arriver à l'embarcation qui les attendait sur le rivage pour les ramener le long de leur navire. Chemin faisant, le marquis, encore tout entier aux émotions que lui avait fait éprouver son entretien avec sa bergère, s'était mis à répéter plusieurs fois, sans soupçonner que quelqu'un pût l'entendre ou sans même se douter lui-même qu'il parlât, que la chaleur était suffocante, et les mots *Dieu! qu'il fait chaud!* étaient sortis si souvent de sa bouche essoufflée qu'ils finirent par attirer l'attention, jusque-là fort préoccupée, du matelot porte-lumière.—Parbleu! se dit celui-ci en lui-même, il faut que notre capitaine ait joliment fait ronfler son escarpin à ce bal pour avoir si chaud! La chaleur, pour ce qui est d'ça, est assez belle c'te nuit, il est vrai, j'en conviens; mais ce n'est pas une raison pour s'estomaquer comme il le fait de la température du climat.

Précisément au moment où le valet de pied goudronné du capitaine faisait respectueusement et à part lui cette judicieuse réflexion, cinq à six individus apparurent à ses yeux étonnés dans la rue déserte qu'il avait à parcourir et à illuminer de son mieux. A la lueur du fanal que tenait le matelot, Taillebois, en portant ses regards distraits sur ce groupe de promeneurs nocturnes qui venaient à sa rencontre, crut reconnaître en eux une troupe de masques qu'il avait vus au bal déguisés en garçons de café, et, sans trop tenir compte de cet incident assez peu remarquable de son itinéraire, il se mit à continuer son chemin, et non sans répéter encore par distraction : — Mon Dieu ! fait-il donc chaud cette nuit !

Un des masques, en entendant cette exclamation, s'approcha du capitaine, qu'il arracha cette fois à ses méditations pour lui demander poliment :

— Monsieur le marquis ne voudrait-il pas, par hasard, se rafraîchir * ?

— Eh ! pourquoi non, si le raffraîchissement me plaît ? répond Taillebois, rappelé par cette brusque proposition au sentiment des choses extérieures.

— J'en doute, reprit le masque, car c'est au bout

* Les *raffraîchisseurs* étaient anciennement, dans les colonies, des duellistes qui proposaient des coups d'épée pour raffraîchissement aux nouveaux débarqués les plus enclins à se plaindre de l'extrême chaleur du climat qu'ils étaient venus braver sous ces latitudes méridionales.

de cette épée que nous servons d'ordinaire nos rafraîchissements.

— Et moi, s'écria alors Taillebois, c'est justement au bout de la mienne que je reçois les rafraîchissements que l'on me propose d'aussi bonne grâce.

Et cela dit, les deux champions tombent en garde sans plus de préliminaires, en faisant briller leurs armes à la clarté vacillante de la lanterne, dont le matelot s'efforce de projeter les rayons sur le visage masqué de l'adversaire de son capitaine. Les épées, déjà croisées, se heurtent et s'enlacent ; la première botte est portée, parée ; la riposte la suit, et à la riposte succède une feinte, que ramasse habilement un contre ou un demi-cercle finement marqué. Au bout d'une minute de feraillement et de cliquetis le marquis, plus adroit ou plus heureux que son vis-à-vis, parvient à tromper l'épée qui voltige sur sa poitrine, et il vous enfonce du même coup toute son arme, dégagée de la parade qu'elle a évitée, dans le corps de l'adversaire inconnu que le hasard lui a donné.

— Bravo! bravo! s'écrient à l'instant les masques témoins et spectateurs de ce duel improvisé. Le coup est on ne peut pas plus élégant! Monsieur est, à ce qu'il paraît, un académiste?

— Non, répond avec brusquerie le marquis encore tout essoufflé : je suis un brave homme et vous des misérables, voilà tout.

Et, cela prononcé d'une voix haute et encore légèrement altérée par l'action du moment, Taillebois fait avec fierté trois pas de côté pour reprendre sa route vers l'embarcadère.

— Mais, monsieur, lui crie un des masques en le voyant prendre son parti de la sorte, ne vous en allez donc pas si vite : vous ne remarquez pas sans doute que vous oubliez votre épée dans la poitrine de notre aimable ami.

— Mon épée? répond Taillebois : je ne la reprends jamais quand j'ai trouvé à la loger si bien. Que le premier d'entre vous qui osera la retirer d'où je l'ai mise vienne me la rapporter à bord du corsaire *le Jérémie*. Il y aura récompense.

Et en articulant froidement ces mots imposants le marquis s'éloigne, le jarret raide, la tête haute, sur les traces de son matelot, qui, toujours le falot à la main, répète en éclairant son capitaine : — Si c'est comme ça, ma foi ! que les raffraîchisseurs s'y prennent pour raffraîchir leurs pratiques, il m'est avis qu'ils doivent risquer souvent de gagner de fameux échauffements eux-mêmes !

Avant de se rendre à son bord, comme il en avait eu d'abord l'intention, Taillebois alla trouver Surcouf à bord du *Revenant* pour lui raconter les événements de sa soirée. Surcouf, réveillé en sursaut par son jeune élève, écouta en se frottant les yeux le récit du marquis ; et, après quelques minutes de réflexion, le vieux corsaire répondit tout uniment à son protégé, la main appuyée sur le rebord de la cabane dans laquelle il couchait :

— Tout ce que je vois de plus clair dans votre affaire, qui me semble assez embrouillée, c'est que vous avez fait la conquête assez inutile d'une bergère; que vous avez été provoqué par une vieille comtesse et que vous avez tué un raffraîchisseur. Le cas n'est pas trop mal embarrassant déjà comme cela; mais il vous reste un moyen sûr de sortir de la difficulté où vous vous êtes fourré la tête basse et l'épée haute. Vous avez un bon navire, et un équipage encore tout enflé des succès récents qu'il doit à votre courage et à la confiance qu'il avait placée en vous : appareillez-moi de suite du Grand-Port, où vous êtes, pour courir à une fortune nouvelle qui vous attend peut-être au large. C'est ainsi qu'il faut oublier soi-même et faire oublier aux autres les accidents fâcheux dont notre route en ce bas monde est quelquefois semée. La mer efface bientôt les souvenirs pénibles de la terre; c'est la lessive à laquelle nous autres marins nous devons laver notre linge sale. Si vous n'aviez pas été au bal rien de ce qui vous chagrine maintenant ne vous serait arrivé, mais vous avez voulu danser et faire danser les autres... eh bien, ma foi ! vous payerez les violons, c'est la règle; et la règle est juste, car chaque plaisir s'achète presque toujours plus cher que ne vaut le plaisir lui-même. Il n'y a que la gloire, voyez-vous ? qui coûte toujours meilleur marché que ce qu'elle vaut en réalité. Adieu donc; portez-vous bien, c'est ce que je vous souhaite; battez-vous de même, et c'est sur quoi je compte; et, ma foi ! que le ciel vous ramène à bon port après vous avoir conduit en belle route ! Au revoir donc, mon bon ami; je vais achever mon somme.

Cet avis de l'expérience, qui ressemblait moins à un conseil qu'à un ordre, était bon, et il fut suivi promptement. Le matin même, et alors que le bal malencontreux du Grand-Port durait encore, on vit le trois-mâts *le Jérémie* livrer ses voiles bordées sur leurs vergues au premier souffle de la brise de terre, et s'éloigner du mouillage pour aller chercher fortune au large de l'Ile-de-France.

En manœuvrant pour reprendre la mer *le Jérémie* avait été forcé de ranger à petite distance le navire anglais qui se trouvait depuis quelques jours dans le port en parlementaire, et ce ne fut pas sans surprise qu'à l'instant où son corsaire passait, le pavillon en poupe, le plus près de ce bâtiment ennemi, Taillebois avait entendu un des officiers qui se promenaient sur le pont de la corvette lui crier : — A bientôt, monsieur le marquisse, à bientôt!

— Que me veut donc cet officier? se dit d'abord Taillebois en croyant reconnaître dans cette voix de marin une voix qu'il avait déjà entendue... A bientôt? pensa-t-il... Eh! ma foi! pourquoi ne répondrais-je pas à cette politesse ou à cette provocation? Et aussitôt le marquis, saisissant son porte-voix de commandement, cria tant qu'il put aux officiers ou à l'officier anglais qui l'avait interpellé à bord du bâtiment ennemi : — A bientôt, messieurs! et le plus tôt ne sera que le mieux si l'entrevue a le bonheur de tant vous plaire.

La risée qui en ce moment même s'éleva du rivage gémissant pour venir arrondir les voiles du *Jérémie* ne donna aux deux interlocuteurs ni le temps ni le loisir de continuer leur entretien. Les marins et les nègres de l'île, accourus sur la grève du Grand-Port pour voir appareiller le corsaire, purent seuls faire entendre leurs acclamations en dominant par leurs cris d'enthousiasme le bruit du vent et de la mer; tout le peuple de la colonie hurlait : — Vive le marquis! vivent *le Jérémie* et *le Revenant! hurra* pour le capitaine Surcouf et son second!

Tels furent les adieux que la terre de l'Ile-de-France fit au *Jérémie* allant prendre le large pour rentrer bientôt, noble et victorieux, dans le port qui saluait ainsi son brusque départ.

L'équipage du corsaire voulut répondre par un *hurra* général aux cris d'enthousiasme de la foule, mais la voix sévère du capitaine contint tout ce monde de marins dans les bornes modestes de la réserve la plus absolue.

— Il sera temps de brailler tant que vous voudrez, dit le marquis à ses gens, quand vous pourrez chanter victoire ; jusque-là, taisons-nous. C'est à moi seul de parler à bord, et à vous de m'obéir vitement et à la muette ; silence !

On se tut. La brise, qui en chassant au large les dernières ombres de la nuit avait d'abord favorisé la sortie du corsaire, s'éteignit dans peu sur le sein de la mer inanimée, et *le Jérémie* ne put guère, avec toutes ses voiles dehors, s'éloigner en quelques heures que de deux à trois lieues du port dont il venait de se séparer.

Le calme, ce sommeil léthargique des flots, des vents et de l'air, si fréquent dans les colonies, dura tout le jour pour *le Jérémie*. La nuit, en faisant descendre sur les vagues endormies autour de l'île cette fraîcheur salutaire qui ranime la nature des Tropiques sous les lourdes ténèbres du soir, ne réveilla ni la brise paresseuse ni les lames assoupies le long du rivage. Il fallut attendre le matin, avec l'espoir de voir les risées de terre s'échapper du fond des mornes et sortir en frémissant du sein des nuages appesantis depuis vingt-quatre mortelles heures sur la crête des montagnes du Grand-Port.

Quand l'aube naissante vint éclairer de ses premiers rayons étincelants le sommet des pitons les plus élevés, l'Ile-de-France présenta aux yeux des matelots du corsaire le spectacle sublime que les marins seuls ont appris à dédaigner : l'île entière, avec ses pics couronnés de nuages et ses mornes gigantesques capricieusement taillés sur le fond du ciel, semblait, en se teignant de l'azur le plus pur, s'élever de la surface des mers pour monter, environnée d'une ceinture de vapeurs d'albâtre, jusqu'au-dessus de l'atmosphère terrestre, dont elle paraissait vouloir se dépouiller pour briller de toute sa magnificence en face du soleil et sous la voûte du ciel. C'était le réveil du jour dans le berceau de l'aurore, et jamais l'Ile-de-France, cette fille bien-aimée de la zone torride, n'avait été plus belle sous les rayons de l'astre paternel qui lui prodigue sa plus douce chaleur et ses plus tendres caresses.

Assez indifférent à toute la pompe de cette fête journalière que le ciel donne à l'océan indien, le capitaine Taillebois, assis nonchalamment depuis minuit sur le banc de quart de son navire, n'avait tourné les yeux du côté de la terre, avec les premières clartés du matin, que pour voir si la brise, contre laquelle il avait commencé à pester dès la veille, ne se déciderait pas à lui arriver pour qu'il pût enfin s'élancer avec son corsaire dans l'espace immense que son impatience dévorait déjà en imagination, et que le destin paraissait ouvrir devant lui sur la vaste solitude des flots. A force de lancer ses regards inquiets dans les vapeurs qui entouraient la côte, à laquelle il demandait de la brise, du vent et peut-être des orages, il crut remarquer sur la pâle nuance de la brume diaphane au-dessus de laquelle planaient les montagnes bleues de l'île une voile, une voile blanche qu'une risée venue de terre semblait arrondir, et entraîner au large et vers le point où son corsaire se trouvait depuis si longtemps encalminé.

— N'est-ce pas un navire que je vois là courant sur nous? demanda aussitôt le capitaine à ceux de ses gens qui passaient, à son bord, pour avoir le meilleur coup d'œil et la vue la plus longue.

— Oui, capitaine, répondit un de ces Lynx du *Jérémie*, c'est un navire qui sort du Grand-Port avec la brise, qui arrive aussi sur nous.

Et la brise que le prophète prédisait, arrivant avec le navire qu'il avait effectivement aperçu, ne tarda pas à faire battre sur leurs mâts fatigués les voiles hautes du *Jérémie*.

L'instant si désiré de faire route était venu; mais, par l'effet d'un pressentiment plus fort que la résolution qu'il devait peut-être prendre en ce moment, Taillebois, au lieu de profiter du premier souffle de la risée qui l'invitait à fuir au loin avec elle, commanda à son second de tenir la panne, en ajoutant à cet ordre, dont il était bien aise probablement d'expliquer la singularité, qu'il désirait savoir ce que le navire en vue allait faire au large.

La curiosité du capitaine fut bientôt, au reste, pleinement satisfaite, car en moins d'une heure le bâtiment aperçu, courant sous toutes voiles avec bonne brise, se trouva assez près du corsaire resté en panne pour que celui-ci reconnût dans ce nouveau venu la corvette anglaise parlementaire que, la veille, il avait laissée mouillée au Grand-Port; et, pour ne donner au marquis aucun doute sur la nature de cette rencontre, la corvette alla même jusqu'à hisser son pavillon national, en assurant ce signal d'un lourd et bon coup de canon à boulet.

— C'est l'entrevue dont les Anglais nous ont menacés à notre sortie qu'ils veulent avoir avec nous aujourd'hui, s'écria aussitôt Taillebois... Mousse, va-t-en me chercher mon habit de marquis, que je n'aurais pas dû quitter cette nuit... Vous, monsieur le second, en attendant que j'aie enfilé mon costume de bal et de cérémonie, faites faire le branle-bas général de combat. Ce sera deux toilettes pour une.

La toilette du marquis et le branle-bas de combat étaient depuis longtemps la même chose pour l'équipage du corsaire : la toilette et le branle-bas furent donc faits en même temps et aussi vite l'une que l'autre. Il n'y avait pour cela qu'un habit à passer pour le marquis, et que son poste à prendre pour chaque homme de l'équipage.

Une manœuvre tout aussi importante que ce double préparatif avait même été exécutée pendant que le marquis ajustait sa perruque un peu défrisée et que chaque homme s'était rendu à son poste de combat : le second du *Jérémie* avait, d'après l'ordre de son capitaine, orienté de manière à courir sur la corvette ennemie, afin de lui épargner la moitié du chemin qui lui restait à parcourir pour arriver au point d'intersection des deux routes.

Si déjà je n'avais pas usé vingt fois ma plume à vous décrire sous toutes les formes imaginables les différents moyens que peuvent employer deux navires pour s'entre-détruire sur mer, ce serait peut-être ici le cas, mes chers lecteurs, d'étaler à vos yeux les trésors de science navale que je serais à même de dérouler sur le papier brûlant pour vous faire assister par la pensée au combat acharné que se livrèrent la corvette anglaise et le corsaire *le Jérémie*; mais, comme j'ai déjà lassé plus d'une fois votre patience en retraçant, pour votre plus grand amusement, une foule d'actions meurtrières dont j'ai si péniblement depuis quelques années épuisé la liste, je me bornerai aujourd'hui à vous conduire sur le lieu de l'événement que je veux rappeler, au moment où les deux navires engagés étaient sur le point d'en venir à l'abordage après avoir, bien entendu, épuisé l'un et l'autre les trois quarts de leurs munitions de guerre, à une demi-portée de fusil, et pendant une longue et sanglante canonnade.

Cet instant qui précède ce moyen si décisif et tout maritime d'en finir tout d'un coup avec l'ennemi par le coup le plus terrible est toujours affreux, et il ne faut rien moins, je vous assure, que le plus imperturbable sang-froid pour conserver encore quelque présence d'esprit dans cette minute si solennelle qui sépare le moment où l'on va s'aborder du moment où l'on s'aborde. Le marquis cependant ne perdit, en cherchant à en venir à l'arme blanche avec son adversaire, ni le sang-froid dont la nature l'avait doué et que l'expérience d'une douzaine de combats avait perfectionné en lui, ni la présence d'esprit qu'il lui était nécessaire de conserver pour terminer l'affaire en assurant la victoire à ses braves. Mais avant d'accoster son ennemi il voulut savoir, par l'effet d'un caprice fort excusable ou d'une curiosité très-permise, à quelle espèce d'homme il avait affaire, et, la lorgnette braquée sur le commandant de la corvette, il reconnut dans le capitaine à bord duquel il se disposait à s'élancer... vous ne devineriez jamais qui... la comtesse, la vieille comtesse avec laquelle, l'avant-veille, il avait eu au bal l'entretien que vous n'avez pas sans doute encore oublié, et que la singularité du dialogue que je vous ai déjà rapporté doit suffire, j'en suis sûr, pour vous rappeler. A l'aspect fort inattendu de cette caricature, apparaissant sous une forme si grotesque dans une conjoncture si saisissante, le marquis de Taillebois crut être abusé par une vision fantastique. L'imminence du danger et la nature de la circonstance ne tendaient rien moins qu'à fortifier dans son esprit la vraisemblance de la faiblesse dont il pouvait s'accuser dans ce moment d'anxiété où les cœurs les plus énergiques se sentent quelquefois défaillir; et ce ne fut que lorsque la vieille comtesse elle-même prit la parole que le capitaine du *Jérémie* vit tous ses doutes s'évanouir aux accents de la voix qui avait frappé son oreille pendant le bal du Grand-Port.

— Ce était une carte de visite que je voulais vous remetré, lui cria la vieille comtesse à l'instant où les deux navires allaient s'élonger de bout en bout.

— Il n'est pas nécessaire, répondit vivement le marquis en reconnaissant son adversaire, car je vais moi-même vous rendre ma visite.

Et en finissant cette phrase, prononcée d'un ton qu'ont bien rarement les phrases, voilà notre capitaine français qui, d'un seul bond, vous saute du bastingage où il était monté sur le bastingage de la corvette, où était assise, le sabre à la main, la comtesse, ou plutôt le capitaine anglais déguisé en vieille comtesse. Les deux navires, et il est à peine besoin de vous le dire, s'étaient déjà abordés : les coups pleuvaient, et les équipages se hachaient comme ils ont l'habitude de le faire en pareil cas. Le marquis, toujours galant ainsi que doit l'être un chevalier français, commence par allonger une estafilade à la comtesse, qui l'attend de pied ferme sur son gaillard d'arrière. La comtesse répond à la politesse du marquis en lui décochant à son tour un coup de franchet, que pare avec la plus exquise élégance le capitaine du *Jérémie*. Le combat général se prolonge, le duel entre les deux capitaines continue; car l'adresse et le courage sont égaux entre les deux équipages, à peu près égaux en nombre, comme entre les deux chefs, aussi ardents, aussi intrépides l'un que l'autre. Mais le hasard, qui quelquefois pèse si inégalement dans la balance de la victoire, veut qu'enfin le capitaine français finisse par appliquer au capitaine anglais un coup de sabre qui vous enlève l'oreille droite de la vieille comtesse au moment où celle-ci envoie au brave qui l'a attaquée un coup de pistolet à bout portant. L'engagement cessa alors, mais à la grande confusion de l'équipage de la corvette, qui, accablé, éreinté par l'impétuosité du choc et de l'attaque, laissa tomber sur la poupe de son bâtiment vaincu le pavillon britannique, criblé de balles et haché de mitraille.

La corvette enfin, au bout d'un quart d'heure

d'abordage et d'humaine boucherie, s'était rendue au corsaire français.

Après la victoire, comme on sait, il n'est plus d'ennemis; les gens qui se sont massacrés pendant une heure ou deux ont assez payé le droit de s'estimer pour jouir du bonheur d'être les meilleurs amis du monde dès que le massacre est fini et que l'honneur s'est trouvé satisfait. La corvette anglaise ne fut pas plus tôt amarinée par le corsaire *le Jérémie* que le capitaine Taillebois s'empressa de faire les honneurs de chez lui au capitaine vaincu dont il venait de couper l'oreille droite.

— Madame la comtesse, dit le marquis à son prisonnier, vous m'aviez donné rendez-vous à la mer, et je crois avoir été exact à votre tendre appel.

— Monsieur le marquisse, répondit la comtesse en tenant sa main sur le côté droit de son chef ensanglanté, vous avez été bien fidèle, mais beaucoup méchant. Jé avais voulu vous prendre, et ce était vous qui mé avoir prisée par lé oreilles.

— Mais, à votre tour, belle comtesse, reprit le marquis avec courtoisie, je crois que vous m'avez atteint quelque part.

— Non pas à le cœur, comme je avais voulu, marquise, mais à le bras, jé croyais.

— En effet, un de vos traits m'a cassé l'os du bras droit.

— Oh! ce n'était rien, moindre que rien, je vous assioure.

— Vous êtes en vérité trop bonne, car voici mon chirurgien qui m'assure qu'il faudra me faire au bras l'amputation que, par prévoyance, j'ai faite à votre oreille droite. Mais dites-moi, adorable dame, ajouta Taillebois du ton le plus enjoué, quelle aimable bizarrerie a pu vous engager à prendre, pour venir me livrer combat, ce costume si élégant sous lequel j'avais déjà eu le plaisir de vous voir au bal?

— Par le effet du petit bizarrerie, répondit le capitaine anglais, qui vous avait fait prendre le habillement de marquisse. Jé avais voulu essayer à vous faire prisonnière, pour vous conduire avec votre déguisement à bord de l'amiral qui croisait devant le Ile-de-France.

— Ah! fort bien; et maintenant, au lieu de devenir votre prisonnier, c'est moi qui ai eu l'avantage et l'honneur de vous faire ma prisonnière. Mais, comme les lois de la guerre me donnent aujourd'hui sur vous les droits que vous eussiez exercés sur moi si j'avais été vaincu au lieu d'avoir vaincu, vous voudrez bien, trop séduisante dame, passer à mon bord avec le costume sous lequel vous avez si glorieusement combattu.

La comtesse, en acceptant, et non sans quelques façons, la main gauche du vainqueur pour se rendre de la corvette à bord du *Jérémie*, baissa modestement les yeux; et cet échange de doux propos et de courtoises politesses, commencé sous l'influence des dernières émotions du combat, en resta là.

Il s'agissait alors pour les gens du corsaire de

profiter de leur victoire, et de ramener leur prise et leur navire mitraillés à l'Ile-de-France, où l'on avait entendu le bruit de la canonnade, et d'où l'on avait même presque vu le spectacle de l'action engagée entre les deux navires. Le second et les officiers du *Jérémie,* pour exécuter les ordres qu'ils avaient reçus de la bouche de leur capitaine, blessé, comme on le sait, au bras droit, avaient commencé par amariner leur capture et par l'expédier avec un équipage français vers le Grand-Port. Le corsaire lui-même, quoiqu'un peu avarié dans son gréement et dans sa voilure, s'était arrangé de manière à escorter sa prise, et à revenir en même temps qu'elle au mouillage, qu'ils avaient l'intention de regagner le plus tôt possible; mais le vent, qui pendant tout l'engagement avait permis aux deux navires combattants de manœuvrer à leur guise, cessa de souffler dans une direction favorable à leur rentrée au port, et il fallut louvoyer le restant du jour, et même une partie de la nuit, avant qu'on pût espérer de gagner le rivage à l'abri duquel la gloire et la capture du corsaire pussent se croire en lieu de sûreté.

Pendant ce trajet de plusieurs heures on dut songer à tous les soins que la victoire impose toujours après elle. Le chirurgien-major du *Jérémie* fit le dénombrement des blessés, et, pendant que les matelots les plus valides s'occupaient de réparer les avaries que le feu avait fait essuyer au navire, le médecin se mit en devoir de panser les malheureux que le fer et le plomb de l'ennemi avaient aussi le plus avariés.

Le capitaine Taillebois, le premier inscrit sur la liste des mutilés, se présenta avant tous les autres au pansement général, non pas, comme il le fit observer lui-même, pour réclamer le privilége de son grade, mais pour donner le premier le bon exemple, et pour apprendre aux plus souffrants la manière dont il fallait supporter une opération, sans se plaindre et sans murmurer.

Le médecin du bord, en examinant la fracture

que le pistolet de la comtesse avait faite au bras droit de son capitaine, déclara que tôt ou tard l'amputation deviendrait nécessaire.

— Tôt ou tard? répondit Taillebois sans s'émouvoir : mieux vaut, en ce cas-là, tôt que tard; car la gangrène ou le tétanos arrivent vite aux avariés comme moi dans les pays chauds; et, puisqu'il n'y a pas d'autre moyen de sauver le brick que de lui couper son grand mât, coupez, docteur, coupez ferme et dur devant tout le monde, pourvu que vous me promettiez de ne pas laisser traîner le long du bord les débris de la mâture dont vous allez dégarnir mon pont.

Les instruments du docteur furent portés sur le dôme de la chambre; un aide-major tint le bras du capitaine : le couteau à amputation coupa circulairement la peau, les muscles; la scie scia l'os; le sang ruissela, et au milieu de ce ruisseau de sang et des parcelles de chair les pincettes du chirurgien allèrent chercher de leurs pointes aiguës les artères élastiques et rebelles pour les diviser et les lier. Cette opération cruelle, faite avec promptitude et dextérité, fût supportée avec intrépidité et calme, aux yeux de tout l'équipage rassemblé dans un religieux recueillement autour du blessé, dont le visage était seul resté impassible en face de toutes ces figures impatientes et émues. Le capitaine anglais, en voyant l'attitude du marquis et la manière héroïque dont il supportait les plus vives douleurs qu'un homme puisse éprouver, pleurait d'attendrissement et d'admiration, et il ne parut un peu se consoler des douleurs de son adversaire que lorsque le docteur l'appela à son tour pour lui coller un emplâtre sur la place de l'oreille dont le coup de sabre du marquis l'avait si galamment privé dans l'ardeur du combat.

Le lendemain au matin on rentra dans le Grand-Port de l'Ile-de-France à la vue et en dépit d'une escadre anglaise qui, au bruit de l'action de la veille, s'était empressée de courir à force de voiles sur le lieu de l'événement, mais trop tard pour pouvoir arracher aux vainqueurs le prix et le fruit de leur triomphe.

A l'arrivée du corsaire victorieux et de la corvette capturée toutes les batteries de terre tonnèrent, et toutes les voix du peuple créole s'enrouèrent en criant : — Vive le marquis! vivent les braves du *Jérémie!* Cent pirogues couvertes de branches de palmier et de rameaux de laurier entourèrent le trois-mâts de Taillebois. On s'embrassait avec délire sans se connaître; on pleurait presque de joie, sans savoir pourquoi on pleurait dans ce jour de fête; et, au milieu de l'ivresse universelle que son héroïque retour avait fait éclater, le marquis descendit à terre, sous des arcs de triomphe, avec un peu de gloire de plus et un bras de moins.

Rien, au surplus, de tout ce qui pouvait adoucir, à force de soins ou d'honneurs, les regrets et les douleurs du blessé, n'avait été épargné par ses amis et ses admirateurs : un riche palanquin, orné d'emblêmes militaires et de trophées éclatants, se trouvait disposé sur le rivage pour recevoir le marquis et le transporter dans une des salles les plus commodes du palais du gouverneur; Surcouf, placé à la droite du capitaine, et le gouverneur lui-même, assis à sa gauche, devaient ouvrir la marche de ce cortége, qui se trouva ressembler beaucoup plus à une marche triomphale qu'à la conduite d'un malade à l'hôpital. Le peuple suivit, et ce fut là le plus noble ornement de la cérémonie et le plus brillant trophée de l'ovation. Mais à peine le palanquin, porté par les quatre plus vaillants grenadiers de la colonie, eut-il fait quelques pas dans l'épaisseur de la foule agitée et ravie, que l'on vit une jeune personne parée de riches vêtements s'élancer vers le triomphateur, et écarter les draperies d'or de la chaise curule en s'écriant : — Laissez-moi, laissez-moi pénétrer jusqu'à lui! je veux voir un *héros!*

Surcouf, frappé de l'étrangeté de cette exclamation et de la brusquerie d'un tel mouvement, songea d'abord à écarter la jeune beauté du palanquin vers lequel elle venait de se jeter éperdue... un cri du blessé l'arrêta : — Isoline! vous ici, Isoline! dit en palpitant de joie et de saisissement le marquis hors de lui-même... Et l'homme qui sans sourciller avait supporté, la veille, l'opération la plus cruelle et la plus douloureuse, s'évanouit à l'aspect inattendu d'une faible femme. Cette femme c'était sa maîtresse.

On essayerait vainement de donner ici une idée de ce qui se passa de confus dans la foule et de délicieux dans le fond du cœur des deux amants. C'est aux faiseurs de romans intimes qu'il faut abandonner ces sortes d'impossibilités descriptives et de dissections métaphysiques. Tout le monde se demandait quel motif pouvait avoir inspiré à la jeune inconnue la démarche à la suite de laquelle s'était arrêté le palanquin qui portait le héros; on s'agitait, on s'inquiétait, on courait et l'on criait, sans trop deviner encore ce que la multitude se croyait intéressée à savoir; et ce ne fut que lorsque l'on eut appris que le marquis venait de retrouver une amante sur la rencontre de laquelle il ne comptait plus que le tumulte s'apaisa pour faire place à l'enthousiasme le plus vif, et pour laisser le palanquin continuer sa route vers le palais du gouverneur.

La trop violente impression que venait d'éprouver le blessé en revoyant Isoline dans le moment où il devait le moins s'attendre à la retrouver parut mettre pendant quelques jours sa vie en danger. Le délire s'empara même de tous ses sens, livrés encore plus aux émotions d'un bonheur trop inattendu qu'aux effets de la douleur physique qu'il devait ressentir; car notre frêle nature, dont nous nous exagérons tant la puissance morale, a cela d'humiliant pour notre orgueil, qu'elle résiste moins à l'excès d'une félicité qui semble ne pas avoir été faite pour elle qu'aux épreuves de ces souffrances matérielles pour lesquelles le ciel peut-être nous a fait naître. Mais la jeunesse et la force du malade triomphèrent de toutes les causes qui devaient compromettre ses jours; et, quand sa raison revint, son courage reparut avec sa raison pour l'aider à supporter l'excès même de la réalité de son bonheur. Isoline, qui n'avait pas un seul instant quitté le chevet du lit où il souffrait tant par elle et pour elle, lui raconta alors comment elle était venue à l'Ile-de-France, et comment elle avait été conduite à lui dire au bal, sous le déguisement qui l'avait abusé, tout ce qu'elle voulait lui apprendre pour l'engager de continuer à mériter sa main et l'estime de la femme que, malgré toutes ses rigueurs, il n'avait pas encore pu oublier. Jamais Isoline n'avait été plus belle que dans ces moments de tendre confiance et d'épanchement; jamais aussi le marquis ne s'était trouvé plus heureux que depuis qu'il lui était permis d'espérer le prix d'un amour auquel il avait cru si souvent devoir renoncer. Que d'aimables aveux, de douces confidences s'échappèrent de la bouche des deux amants! combien de délicieux projets ils formèrent ensemble pour embellir encore l'avenir qui s'ouvrait si riant et si calme devant eux! En vain à chaque instant les médecins chargés de surveiller le jeune blessé lui prescrivaient-ils par prudence de ne se livrer qu'avec modération à ces entretiens pleins de charmes, dont les émotions trop vives pouvaient retarder ou compromettre sa guérison : toujours le malade s'obstinait à tromper la prévoyance inquiète de ses médecins en appelant près de lui la craintive Isoline. — Vous redoutez trop pour moi, répétait-il sans cesse à ses rigides docteurs, les émotions, que vous semblez vouloir me faire regarder comme le plus grand danger qui puisse me menacer. Sachez, messieurs de la faculté, que c'est à ces émotions, après la juste part qu'il faut faire aux effets admirables de votre science, que je dois le privilége de n'avoir pas senti une seule fois les douleurs cuisantes que ma blessure aurait pu me faire éprouver. Sans ces douces émotions, peut-être serais-je mort dans vos mains en dépit des secrets merveilleux de votre art ; mais, avec elles, j'ai passé, comme vous le voyez, sans le moindre accident les épreuves les plus périlleuses à supporter dans l'état où je me trouve. Ainsi donc cessez, pour l'amour de Dieu et l'honneur de votre art, de me présenter à chaque instant comme un danger les moments de félicité auxquels, selon moi, je dois la vie. Un mot d'Isoline, un sourire de sa bouche vaut cent fois mieux pour votre malade que tous les remèdes que vous pourriez me donner et toutes les précautions dont votre sollicitude voudrait entourer le lit que je vais bientôt quitter.

En entendant son amant parler ainsi Isoline souriait avec douceur, et, les yeux tournés sur les médecins, que son regard semblait interroger timidement, elle s'approchait du malade rebelle, qui trouvait le prix de sa désobéissance dans le baiser qu'elle lui laissait prendre sur sa tremblante main. Puis arrivaient encore et les tendres entretiens et les enivrantes confidences de la veille. La nuit et le temps du sommeil prescrit au blessé venaient seuls mettre un terme à ce bonheur de tous les jours et presque de tous les instants, et le lendemain recommençaient encore les mêmes conversations, les mêmes aveux, sans que les médecins eussent plus que la veille le droit de s'offenser de l'entêtement du malade et de la faiblesse de la jeune femme, qui, malgré leur sévérité, paraissait beaucoup moins disposée à écouter les conseils de la prudence que l'entraînement de son propre cœur.

Quarante jours se passèrent ainsi. C'était le temps rigoureusement marqué pour la convalescence de Taillebois, mais c'était aussi au terme de cette sorte de quarantaine imposée à l'ardeur de son amour qu'il devait quitter l'asile qu'il avait accepté dans le palais du gouverneur pour aller recevoir à l'autel la main qui avait été promise à sa fidélité. Le matin de cette journée si impatiemment attendue le soleil sembla se lever plus beau, plus radieux encore qu'à l'ordinaire, avec le jeune fiancé dont il allait, pour ainsi dire, éclairer le bonheur. L'église du Grand-Port s'était parée de ses plus brillants ornements pour la cérémonie que les solennités de la religion devaient consacrer; le curé de la paroisse avait appris par cœur la paternelle exhortation qu'il s'était préparé de longue main à adresser aux deux tendres époux; Surcouf lui-même s'était habillé de noir de la tête aux pieds pour donner fièrement le bras au noble père de la belle future; tous les habitants du port, tous les officiers et les matelots des corsaires mouillés en rade s'étaient joints d'eux-mêmes au cortége nuptial, dont le gouverneur-général de l'Ile-de-France ouvrait la marche imposante. La jeune épouse et l'heureux époux parurent, au sein de l'allégresse universelle que la nouvelle de leur mariage avait fait naître, l'une belle de tous les attraits qu'elle devait à la nature et à son éblouissante parure, l'autre beau de son air martial, et beau surtout du bras qu'il n'avait plus. Ils s'approchèrent de l'autel, le prêtre reçut leurs serments, leur mains s'unirent pour ne plus se séparer.

— Quel dommage, s'écria en ce moment suprême le jeune blessé en s'adressant à son épouse, quel dommage de n'avoir que la main gauche à vous présenter! Et une larme allait couler des yeux du marquis après que ces mots de regret se furent échappés presque malgré lui de ses lèvres frémissantes...

— Taisez-vous! reprit vivement Isoline avec le plus visible attendrissement : peut-être que, sans la main qui vous manque, la mienne n'aurait pas si vite rencontré celle que la gloire vous a laissée. Voyez, mon ami, ajouta-t-elle de l'air le plus touchant et le plus expressif, n'ai-je donc pas deux bras pour nous deux?

Le marquis, transporté d'ivresse à cette naïve et sublime exclamation, se releva avec transport en s'écriant, cette fois l'œil en feu et non plus en larmes :

— Ah! je suis trop heureux, et trop indigne peut-être de tant d'ineffable félicité! Isoline, mon Isoline, le bras que j'ai perdu valait mille fois moins que la main que vous venez de me donner!

LES PAUVRES

MATELOTS MALADES.

Les pauvres Matelots malades.

LAMENTABLE HISTOIRE DE BORD.

Un jeune anglais, que sa famille avait embarqué comme lieutenant à bord du navire marchand *le Maratte*, était parvenu, pendant son séjour à l'Ile-de-France, à inspirer une passion des plus vives à une jolie petite fille créole pauvre autant que belle, et moins belle encore que tendre et naïve. Sans prévoir les chagrins que pourrait leur causer bientôt leur innocent amour, ces deux enfants s'étaient laissé aller, avec la confiance qu'ont toujours les jeunes amants, à toutes les illusions que fait naître ce premier penchant de l'âme qui n'est lui-même quelquefois que la plus douce et la plus funeste des illusions. Mais lorsque le capitaine du *Maratte* eut annoncé à son amoureux lieutenant que, le jour du départ, il irait lui-même le chercher à terre pour peu qu'il tardât à se rendre à bord, il n'y eut plus pour Lirie et James un seul instant de bonheur ni de repos; et c'est alors seulement qu'ils commencèrent à se douter, par tout ce qu'allait coûter à leur cœur cette séparation cruelle, de l'excès de l'amour imprudent auquel ils s'étaient livrés sans calcul, sans réflexion, et presque sans se douter eux-mêmes qu'ils en fussent venus à s'aimer autant.

— Comment, répétait un soir James à sa maîtresse désespérée, comment trouverai-je assez de force en moi pour te quitter? Je sens désormais que ma vie est attachée pour toujours à la tienne, et qu'il faudra qu'on m'arrache mourant de tes bras pour qu'on puisse parvenir à me séparer de toi.

—Mais pourquoi me quitter? lui demandait Lirie. S'il est vrai, comme tu me l'as dit si souvent, que tu m'aimes encore plus que ta famille, pourquoi me laisser seule ici pour revoir des parents qui te sont moins chers que moi? Songes-tu bien qu'après t'avoir donné ma vie je ne survivrai pas un seul jour au malheur de te perdre?

—Mais le devoir, qui me force à partir....

—Mais l'amour, qui te défend de partir sans moi....

—Et si tu consentais à me suivre sur les mers, qui menacent de mettre une si grande distance entre nous et qui pourraient nous réunir tous deux....

— Et à abandonner ici la mère qui m'a nourrie, le père qui m'a élevée, le pays où j'ai reçu le jour, et où une pauvre fille comme moi doit mourir innocente et ignorée?....

—Tu hésiterais donc, toi, Lirie, à sacrifier ta famille à notre amour, quand tu m'engages à immoler mes parents et mon pays à la tendresse que tu m'as inspirée?

— Eh! mon ami, pense donc qu'alors même qu'il me deviendrait possible de renoncer à tout au monde pour m'enfuir avec toi, pense donc au sort qui m'attendrait dans un pays inconnu, au milieu d'une famille à laquelle je suis étrangère et qui ne recevrait qu'avec répugnance, qu'avec horreur peut-être l'étrangère qui aurait porté la désunion et le désordre dans son sein!... Et, si tu venais toi-même à t'éloigner un jour par inconstance, par dégoût peut-être, de la pauvre fille créole que tu aurais arrachée si loin à ses parents désolés, à sa patrie, perdue à jamais pour elle!...

— Ecoute-moi, Lirie. En Europe je serai riche un jour à venir: la fortune qui m'attend dans mon pays je la partagerai, comme mon nom et mon amour, avec toi, avec toi seule; et ma famille, j'en suis certain, finira par approuver, en te voyant si bonne et si belle, le choix de mon cœur, le seul choix auquel puissent se rattacher toutes mes pensées, toute mon existence. Mais, quand bien même au surplus mon père, car je n'ai plus que lui au monde, nous abandonnerait à notre amour et à nos propres ressources, j'ai un état qui peut suffire à nos besoins et avec lequel nous attendrons, sans avoir à implorer la pitié de personne, l'aisance sur laquelle je dois compter et dont mon père ne pourra éternellement me priver.... Tu me parles de ta famille, mais ne serai-je pas toute ta famille à toi? de ton pays, mais mon pays ne deviendra-t-il pas le tien? Tu redoutes, dis-tu, mon inconstance, quand c'est moi qui ne peux vivre sans toi et qui cherche à enchaîner ma destinée à ta destinée, mon existence à ton existence, et quand c'est ton amant enfin qui te supplie à genoux de le suivre à travers les mers pour attacher plus fortement ton sort à son sort, et pour rendre plus inséparables encore les liens qui nous unissent déjà si tendrement...Ah! comment peux-tu penser, toi qui connais si bien l'excès de mon amour, que je voulusse t'engager à venir chercher si loin sur mes pas la honte, la misère et le désespoir?

— Mais te suivre, dis-tu? et comment te suivre encore? Tu sais l'inflexibilité du capitaine de qui tu dépends, et qui a condamné déjà si sévèrement l'attachement irrésistible que nous n'avons pu cacher à ses yeux.

— Il existe un moyen sûr, facile, de favoriser ta fuite avec moi et de cacher, jusqu'au moment où nous pourrons tout avouer sans danger, ta présence à bord du navire qui m'attend.

— Quel moyen? parle! oh! dis, je t'en supplie, bien vite! car je crains de n'avoir pas la force de t'entendre longtemps. Vois, tiens : je tremble déjà en te faisant cette question comme si je venais de faire quelque chose de mal.

— Consens seulement à me suivre à bord le soir, la nuit du jour qui précédera notre départ... A bord je connais pour toi un refuge certain... Quelques jours, peu de jours après avoir quitté l'île, et quand notre navire sera rendu en mer assez loin pour que tu puisses te montrer aux yeux du capitaine, je lui dirai moi-même tout, je lui avouerai la séduction que j'aurai exercée sur toi, mes intentions pour l'avenir, les projets que nous aurons formés ensemble.... Il s'emportera, il me punira peut-être, ce capitaine si sévère, mais *le Maratte* sera déjà bien loin, et nous serons alors pour toujours l'un à l'autre, toi toute à moi et moi tout à ma Lirie... Je jure devant Dieu, qui nous entend et qui sourit à la pureté de nos vœux, qu'à la première terre que nous toucherons James deviendra ton époux devant les hommes, comme il est déjà l'époux de ton cœur à la face du ciel!

La jeune fille, en écoutant ces mots passionnés, tourna ses yeux mouillés de pleurs sur l'humble case où reposaient ses parents et sur les palmiers tranquilles que blanchissaient à peine, au-dessus de sa tête, les rayons mélancoliques da la lune, qui s'était levée silencieusement sur les flots, dont le plaintif mugissement allait s'éteindre à l'horizon. Elle sembla, la pauvre enfant, en promenant lentement ses regards autour d'elle, dire un dernier adieu au toit paisible qui l'avait vue naître et aux bons et simples parents dont elle était l'orgueil et la consolation. Sa bouche altérée qu'inondaient ses larmes, les larmes les plus amères qu'elle eût versées de sa vie, murmurait à l'oreille de son amant : — Mais ce sera les trahir, les faire mourir pour toi, pour toi que je connais encore à peine! Et, appuyée sur le bras du jeune étranger, elle regagna l'innocent asile qu'elle allait bientôt quitter pour ne plus le revoir.

James, aussi agité, aussi troublé que sa malheureuse et confiante amie, rejoignit son bord en s'efforçant de cacher aux yeux des camarades qu'il allait retrouver le remords qui déchirait déjà son cœur; car c'est moins une victoire que l'on remporte qu'un remords que l'on étouffe que cette facilité avec laquelle on immole quelquefois toute l'existence d'une pauvre fille à l'ardeur d'un sentiment irréfléchi. James chercha vainement dans le silence de la nuit le repos auquel tout semblait se livrer autour de lui : il ne put trouver dans son cœur, dans sa tête et dans ses idées que la fièvre, le trouble et la confusion ; et quand vint le jour il crut, l'infortuné, avoir fait un rêve affreux en se rappelant ses projets de la nuit, les serments qu'il avait faits à son amante, et la résolution qu'il avait déjà inspirée au cœur de la malheureuse Lirie.

Le navire *le Maratte* cependant, après avoir pris sa cargaison pour Londres au grand port de Maurice *, se disposait à faire voile vers l'Europe. L'Ile-de-France, reconquise depuis deux ans par les Anglais, se trouvait alors quelquefois encore environnée de croiseurs et de corsaires français qui essayaient de

---

* L'Ile-de-France, comme on doit se le rappeler, a pris le nom de *Maurice* depuis qu'elle est retombée au pouvoir des Anglais.

s'emparer, sur les attérages, des bâtiments marchands qu'employait le riche commerce des Indes orientales. Le capitaine du trois-mâts anglais, pour éviter autant que possible la rencontre des corsaires ennemis dans le voisinage de l'île qu'il allait quitter, avoit résolu de n'appareiller que la nuit, et il avait cru, pour plus de prudence, ne devoir annoncer que quelques heures avant son départ le moment précis où il sortirait du port.

Deux ou trois jours cependant avant sa mise en mer quelques matelots européens étaient venus le trouver, pour lui demander la faveur de prendre passage pour Londres à bord de son trois-mâts.

— Nous sommes, avait dit celui de ces futurs passagers qui paraissait être chargé de la négociation au nom de ses camarades, nous sommes de pauvres bigres de négriers, assez calés en fonds, mais joliment affalés par la maladie sous le vent de notre bouée. Figurez-vous, capitaine, que, sur trente-six que nous étions en allant à Madagascar pour la traite, nous ne nous trouvons plus que sept debout sur nos jambes ; et même, quand je dis sur nos jambes j'ai tort, car les trois quarts de la journée c'est sur le flanc que nous nous tenons élongés. Le ténesme et les fièvres de cette chienne d'île, voyez-vous ? nous ont ruiné le tempérament jusqu'à fond de cale. Il est bon aussi de vous dire qu'il y a parmi nous des Génois, des Provençaux, des Irlandais et des Bretons, des *toutes nations* enfin, mais tous de la nation des gens qui mettent culottes bas à chaque quart d'heure, voilà le pire. Vous aurez donc à votre bord une dyssenterie battante ; mais, comme ça ne se gagne pas et que nous ne demandons pas mieux que de payer notre passage en or, vous ne nous refuserez pas de nous rendre la santé, car l'or ça ne sent jamais mauvais, vous le savez bien, quand bien même la main qui le donnerait sentirait un peu la peste.

Le capitaine anglais fit d'abord le difficile pour engager les solliciteurs à vaincre ses hésitations à force d'argent. Il parla de quarante guinées de passage pour chacun des malades, afin d'en obtenir au moins trente en marchandant. On chicana un peu sur le prix pour avoir l'air de mettre de la bonne foi d'un côté et une légitime économie de l'autre; et bref, après avoir quelque temps débattu le besoin que les malades avaient de s'embarquer à bord du *Maratte* et l'intérêt que le capitaine avait à accepter les conditions avantageuses que les malades lui proposaient, on convint que chaque passager payerait trente guinées pour son retour en Europe, dont quinze guinées comptant en mettant le pied à bord.

— C'est un marché d'or que vous venez de faire là, s'écria le matelot négociateur; car je suis très-sûr, ajouta-t-il en faisant une horrible grimace, que, sur les sept avariés que vous allez arrimer dans votre entrepont, vous en enverrez au moins quatre à cinq par-dessus le bastingage cinq à six jours peut-être après l'appareillage, et moi qui vous parle tout le premier peut-être, attendu, voyez-vous? que le ténesme de Madagascar est une fameuse économie dans un équipage pour les vivres de la cambuse d'un navire.

Le lendemain même de ce marché, dont s'applaudissait en secret le capitaine du *Maratte*, six religieux se présentèrent à lui dans l'état en apparence le plus misérable et de l'air le plus modeste que l'on pût voir : — Capitaine, lui dit le supérieur de cette escouade de pieux aventuriers, nous n'avons pas besoin, ce me semble, de vous annoncer ce que nous sommes : l'habit que nous portons et le dénuement extrême dans lequel nous paraissons à vos yeux vous indiquent assez déjà ce que nous avons fait pour la foi et ce que nous attendons de votre humanité. Un navire arabe nous a transportés gratis de Moka ici; et nous étions venus de Jérusalem à Moka après avoir inutilement cherché à semer chez les infidèles la parole de l'Évangile et les préceptes de notre sainte religion. Or ce qu'ont fait les Arabes pour des pèlerins catholiques nous avons espéré que vous, qui n'êtes qu'anglais, vous le feriez pour des prêtres chrétiens.

— Et à quel titre, s'il vous plaît? reprit le capitaine du *Maratte* en interrompant brusquement l'exorde du sermon du bon père.

— Mais à titre de capitaine chrétien, répondit le chef des pèlerins.

— A titre de capitaine chrétien? s'écria le marin. Ah! par saint Georges! en voilà bien d'une autre à présent! Je ne savais pas même qu'il y eût une religion en fait d'affaires de commerce, et que les capitaines fussent obligés d'être chrétiens ou catholiques plutôt que juifs ou mahométans. L'argent, voyez-vous? monsieur le missionnaire, est le Dieu du commerce, et c'est le commerce que moi je fais avant tout, et l'intérêt de mes armateurs est le premier article de foi de mon dogme mercantile. Si vous avez été faire au Saint-Sépulcre une mauvaise spéculation ecclésiastique, tant pis pour vous, j'en suis bien fâché; mais je ne puis qu'y faire, et vous sentez parfaitement que ce n'est pas à moi de payer le déficit résultant de vos faux calculs; mais c'est à vous, par exemple, qu'il appartient actuellement de couvrir à vos frais les pertes de votre entreprise manquée. Soldez donc votre passage, et vous serez reçus à mon bord avec tous les égards proportionnels dus à la somme que vous débourserez entre mes mains; mais si vos moyens ne vous permettent pas de retourner en Europe, eh bien, ma foi! restez ici, et tâchez de monter une autre opération en commandite pour tenter une seconde fois la noble entreprise de convertir à votre religion des malotrus qui en ont déjà une, et qui n'entrevoient pas assez clairement la nécessité de changer ce qu'ils appellent le Dieu de leurs pères contre le Dieu que nos pères à nous ont adoré et que nous adorons plus ou moins comme eux. Voilà tout ce que j'ai à vous répondre pour le moment.

— Mais quel serait pour chacun de nous, encore, reprit sèchement le supérieur, le prix le plus juste du passage que vous ne voulez pas nous accorder pour l'amour de Dieu ?

— Quarante guinées, dont les deux tiers comptant j'en ai pris trente pour de pauvres matelots malades qui désirent retourner en Europe avec moi, ce qui vous prouve que dans notre état on ne peut guère, avec les meilleures intentions du monde, avoir souvent plus de pitié que de piété.

— Et pourquoi donc cette différence de prix pour le même passage, et à notre préjudice ?

— Parce que des malades mangent peu, et que des religieux affamés mangent à bord comme des loups, surtout quand l'air de la mer s'en mêle pour leur donner encore un surcroît d'appétit. Oh! quoique vous puissiez en penser, j'ai aussi, moi, mon genre raisonné d'humanité.

— Et vos principes particuliers d'hygiène, à ce qu'il paraît. Mais vous nous passerez pour trente guinées aussi, n'est-ce pas ?

— Pour quarante guinées ; c'est mon premier et

dernier mot. Nous ne sommes pas des arabes, nous. Et puis d'ailleurs des prêtres, excusez ma franchise, ne sont pas déjà une marchandise si recherchée à bord d'un navire pour qu'on refuse du fret à terre afin de leur ménager une bonne place à bord d'un bâtiment comme *le Maratte*.

— Les quarante guinées dont vous ne voulez pas démordre vous seront payées par chacun de nous, puisque nous n'avons pu trouver en vous la commisération que nous avons rencontrée chez les marins arabes de Moka.

— Mais j'ai dit, ce me semble, en parlant du prix du passage : *Dont les deux tiers comptant*. N'oublions pas, s'il vous plaît, si vite les paroles de mon Évangile, à moi.

— Les deux tiers comptant vous seront comptés.

— Et quand encore ? car je pars dans trois jours.

— Quand ? A l'instant même, et les voilà en bons et beaux sequins.

— Eh ! diable ! il paraît que, si vous n'avez pas

réussi à convertir les infidèles dans votre tournée évangélique, vous êtes du moins parvenus à faire passer assez raisonnablement leur monnaie dans votre poche.

— Ceci était notre affaire et pas la vôtre. Les sequins sont à vous, comme notre conscience à nous. Notre passage est par conséquent payé et arrêté.

— Ainsi les sequins deviennent aussi mon affaire. Parbleu! il faut convenir que j'ai été bien avisé de n'être pas charitable, car, avec les beaux sentiments d'humanité que vous me prêchiez là, j'aurais joliment été votre dupe pour peu que j'eusse été disposé à mordre à votre hameçon!

— Peut-être... Nous ne sommes pas, nous, si diables que nous le paraissons sous cet habit. Au revoir, capitaine.

Et les six bons religieux quittèrent le capitaine pour aller faire leurs préparatifs de départ pour le surlendemain au soir.

— Bravo ! se dit en lui-même le capitaine anglais : les passagers tombent à bord de mon noble navire comme la manne céleste dans le désert, car c'était bien le désert que mon bâtiment avant l'arrivée de ces six braves religieux. Et dire que c'est au moment de faire voile que ces treize passagers me sont venus si à propos pour augmenter le produit de mon fret ! En vérité il y aurait dans cette circonstance extraordinaire un bien grand sujet de joie pour moi si ce n'était ce vilain nombre de *treize*, qui, malgré le peu de superstition dont je me plais à faire parade, m'inspire, je ne sais pourquoi, une puérile et sotte appréhension.

Le jour du départ arriva pour *le Maratte*. Le matin de ce jour, si vivement désiré par le capitaine, on vit venir à bord les sept pauvres matelots malades, et après eux les six modestes pèlerins de la Terre-Sainte. Les uns, à moitié couchés sur les bancs de la longue pirogue qui les transportait, pouvaient à peine soulever leurs membres affaiblis pour monter péniblement l'échelle du navire; les autres, les bons religieux, enveloppés dans leurs larges manteaux de bure, grimpèrent un à un, et non pas sans une grande maladresse, les escaliers qu'on avait disposés à tribord pour leur rendre plus facile le trajet qu'ils avaient à faire de leur pirogue sur le pont élevé du trois-mâts. Une fois parvenus sur le gaillard d'arrière, ils s'agenouillèrent en se signant dévotement, pour remercier le ciel de la faveur visible qu'il lui avait plu de leur accorder en permettant qu'ils pussent se rendre sans danger de la terre qu'ils venaient de quitter à bord du bâtiment qui devait, avec la grâce de Dieu, les ramener sains et saufs dans leur patrie.

Le premier et le seul désir qu'exprimèrent les matelots convalescents en arrivant à bord fut celui d'être placés immédiatement dans le poste qu'on leur avait préparé dans l'entrepont du *Maratte*.

— Surtout, dit le chef des malades au capitaine du bâtiment, ayez la complaisance de nous arrimer aussi loin que vous pourrez de l'endroit où il vous plaira de caquer ces harengs saurs d'abbés. Des négriers de la côte et des racheteurs d'esclaves pour le compte de notre saint-père le pape ne doivent pas manger dans la même gamelle ni boire leur quart de vin au même bidon. Vous savez ça, comme marin, et nous nous en rapportons à votre justice.

Les scrupules des matelots négriers furent compris et respectés par le capitaine anglais : il logea les marins malades dans une partie de l'entrepont, et les visiteurs du Saint-Sépulcre sur l'arrière de la grand'chambre. Les bons prêtres, au surplus, avaient dit aussi de leur côté au capitaine : — Placez-nous le plus loin que vous pourrez de ces malheureux marins convalescents : ce sont des frères pour nous comme tous les autres chrétiens, mais ils sont malades et mécréants, et la maladie qu'ils ont ils pourraient nous la communiquer, sans que nous parvinssions peut-être à leur inculquer la foi qu'ils n'ont pas et qui nous anime.

Les gens de l'équipage du *Maratte*, malgré la pitié que devait naturellement leur inspirer l'état déplorable auquel se trouvaient réduits leurs sept infortunés confrères, ne purent s'empêcher, en les voyant arriver au milieu d'eux, de remarquer la vivacité que l'œil de quelques-uns avait conservée sous leur front jauni et visiblement altéré par les longues souffrances de leur corps.

— Si ce n'était, disait entr'autres le second du navire, le bonnet blanc qu'ils ont sur les oreilles et la casaque d'hôpital qu'ils se sont capelée sur le dos, on pourrait presque dire qu'ils sont tous aussi bien portants que les plus vaillants d'entre nous. C'est à peine même si le ténesme a fait perdre à leurs joues, un peu enflées par la maladie, ces couleurs solides qui annoncent la santé la plus vigoureuse chez les gens qui, comme nous et comme eux, ont vu face à face et de près le soleil des tropiques. Il y en a là deux ou trois surtout parmi eux qui sont, le diable m'élingue! plus gros et plus lourds que moi du côté du gras de jambe et de l'écarriture des épaules.

— Oui, mais vous n'avez pas fait attention, lui objectait le maître d'équipage, grand et profond observateur, que le teint de ces pauvres rafalés a été passé par la maladie qu'on appelle la jaunisse à une vraie lessive d'eau de safran. Or, qui dit la jaunisse dans les colonies dit un bon à payer à l'éternité une fois à la mer, c'est la règle. Dans moins de quinze jours vous verrez que la planche du coq en aura fait glisser plus de la moitié de ce qu'ils sont du bord de tantôt et du côté du *requiescat in pace,* sans savoir le latin.

Le soir de l'appareillage la brise de terre, que l'on attendait, à l'heure où elle s'élève ordinairement dans les colonies, pour livrer les voiles du *Maratte* à son souffle régulier, ne se fit pas. La mer, calme et lisse, sur laquelle on avait viré à pic la dernière ancre de mouillage, continua, en dormant à la flotaison, à maintenir le navire dans l'immobilité la plus complète. Le pilote venu de terre pour conduire le bâtiment en dehors des passes du Grand-Port avait dit au capitaine, après avoir savamment consulté l'état du ciel et l'apparence du temps : — Capitaine, la risée ne nous viendra probablement que vers une heure ou deux du matin: alors il sera assez temps de réveiller votre monde; et le capitaine, soumettant sa vieille expérience aux lumières prophétiques de son pilote, avait ordonné à son second d'envoyer, à l'exception d'un seul homme de quart, tout l'équipage prendre quelques heures de repos pour être mieux disposé aux travaux du lendemain.

Un homme, un seul homme à bord du *Maratte* ne devait pas profiter des instants de calme que l'on venait d'accorder aux autres gens de l'équipage. Et comment cet homme aurait-il pu s'abandonner aux douceurs du sommeil, quand la fille infortunée qu'il devait arracher à ses parents et à sa patrie l'attendait en palpitant sur le rivage pour abandonner, emportée dans ses bras, tout ce qui, jusqu'à ce moment de délire et d'égarement, avait fait le charme et le bonheur de sa vie ? — Ils dorment maintenant, avait dit James en se voyant seul enfin sur le pont du navire; le matelot de quart lui-même, oubliant son devoir, s'est laissé surprendre sur l'avant par le sommeil, sous le poids duquel il a succombé... Une pirogue est restée le long du bord : seul, je puis m'en emparer un instant, et cet instant me suffira pour exécuter le dessein que j'ai formé, et que jusqu'ici j'ai tant redouté de ne pouvoir accomplir... Allons, puisque le sort en est jeté et que le ciel lui-même semble favoriser mon projet, allons enlever Lirie ma maîtresse, mon épouse, au rivage où elle m'attend en m'accusant peut-être de perfidie ou de trahison... Le destin est avec nous, et le bonheur m'attend !

La pirogue, petite et légère, se détacha des flancs du tranquille navire; le mouvement de deux faibles rames que James agita sur ses plabords troubla à peine le silence qui s'était étendu avec la nuit sur les flots immobiles et dans les airs endormis. Les ailes d'une mouette effleurant l'onde calme d'un lac auraient peut-être fait plus de bruit même que les pagayes de la rapide pirogue, qui alla se cacher dans les ténèbres, sous les roches solitaires au pied desquelles veillait seule la jeune fille éplorée, tremblante, désespérée.

— Suis-moi, Lirie, lui dit James d'une voix étouffée..... Les moments sont précieux..... Je respire à peine.....

— Oh! laisse-moi encore, s'écrie la fille coupable, dire un dernier adieu à mes parents, qui ne m'entendront plus! laisse-moi adresser au ciel pour eux la prière que le ciel ne voudra peut-être plus écouter quand je serai loin d'eux!

— Lirie, au nom de notre amour, fuyons, je t'en supplie!

— Non, non..... Un seul instant encore si tu m'aimes!

— Cet instant peut nous perdre... Viens! c'est le

moment du courage... L'amour que tu m'as juré ne t'a-t-il donc donné ni force ni résolution ?

Et en prononçant ces mots le jeune amant emporta dans ses bras sa maîtresse évanouie, qui s'était agenouillée pour adresser un dernier adieu à ses parents, et dire une dernière prière, prosternée sur le sol où avait reposé son berceau.

La pirogue vogua vers le navire, chargée du précieux fardeau que James ramenait avec lui. Mais, au moment où elle abordait mystérieusement *le Maratte*, l'homme de quart, qui jusque-là avait tenu constamment sa tête appesantie appuyée sur le bossoir, se réveilla en sursaut au bruit que fit la petite embarcation en accostant le bord.

— Qui vient là? que voulez-vous? cria-t-il tout effaré au jeune lieutenant un peu déconcerté de l'alerte qu'il venait de donner à ce surveillant importun.

— C'est moi, répondit James avec autant d'assurance qu'il put en mettre dans sa brusque réponse.

Continue à faire ton quart et ne te mêle pas de mes affaires.

— Oh! dès que c'est vous, lieutenant, reprit le matelot, je n'ai plus rien à vous dire. C'était seulement pour faire mon service, car j'aimerais mieux je ne sais quoi, entendez-vous bien? que de manquer d'une seule minute ni d'une demi-ligne à mon devoir quand je suis de quart à bord.

Le jeune officier du *Maratte,* un peu rassuré sur les suites qu'aurait pu lui faire redouter l'indiscrétion de l'incommode surveillant, s'empressa d'emporter dans ses bras et sur son cœur ému sa maîtresse, à moitié morte de frayeur, vers l'asile secret qu'il lui avait ménagé à bord du navire.

Cet asile, comme bien vous le pensez, n'était rien moins qu'élégant et vaste; c'est à peine s'il eût été habitable pour toute autre femme qu'une amante fugitive, résignée par avance comme Lirie à braver toutes les privations et toutes les souffrances pour accomplir le pénible sacrifice qu'elle avait offert à son futur époux. Une niche de deux pieds de largeur pratiquée avec effort entre quelques ballots de marchandise fourrée sur l'avant de l'entrepont, tel était le refuge dans lequel la jeune fille était condamnée à cacher plusieurs jours sa présence à l'équipage et au capitaine du bâtiment anglais.

A une heure du matin la cloche du navire, mise brusquement en branle par l'ordre du capitaine, appela sur le pont tous les matelots. La brise de terre s'était faite : il fallait appareiller, et livrer au premier souffle du matin les voiles, tombant du milieu et de l'extrémité des vergues hissées au haut des mâts. Les matelots chantaient en manœuvrant, comme ils font toujours lorsqu'ils quittent un rivage tranquille pour aller chercher à travers les dangers de l'océan un rivage nouveau. Lirie, en entendant le murmure confus de ces voix qui venaient mourir à son oreille troublée, sentit son cœur battre sous sa main agitée comme il n'avait encore jamais battu : c'était la terre de son doux pays que le navire fuyait déjà, et peut-être pour toujours, en se balançant au sein des mers immenses qui allaient l'emporter sous des cieux inconnus.

Le premier jour de la navigation du *Maratte* fut heureux et paisible. Les religieux prièrent dans leur chambre; les matelots malades causèrent tranquillement dans l'entrepont où l'on avait suspendu leurs cadres. James, profitant des moments où son petit service d'officier ne réclamait pas sa présence sur le pont, se rendait mystérieusement auprès de sa maîtresse pour lui porter, avec un peu de nourriture, les consolations qu'il pouvait offrir à son cœur brisé et à son âme épouvantée par de sinistres pressentiments.

— Deux ou trois jours de contrainte et de gêne sont bientôt passés, lui répétait-il à voix basse, lorsque le bonheur nous sourit dans un prochain avenir. Pour peu que le vent qui nous favorise dure encore quelques heures tu pourras te montrer avec moi, et quitter ce refuge que la crainte d'exciter trop tôt la colère du capitaine te force de garder encore. Nous ne sommes pas encore assez éloignés de terre pour que tu puisses paraître sur le pont, et rendre impossible ton retour à l'Ile-de-France. Un peu de patience et de courage, ma bien-aimée, et notre félicité sera le prix de ta résignation.

Deux jours s'écoulèrent encore comme s'était écoulé le premier jour depuis le départ.

—Demain, dit James à son amante, je divulguerai moi-même notre secret et le mystère de ta fuite. C'est encore une nuit de gêne à passer; et vois d'ici, par le panneau qui laisse parvenir jusqu'à nous la clarté de la lune, comme cette nuit est belle et sereine! le vent, qui nous fait filer trois lieues à l'heure, couche à peine notre navire sur les flots paisibles, qu'il fend avec la rapidité d'un oiseau; on le dirait immobile dans les eaux dormantes d'un bassin; le ciel, qui s'arrondit aux bornes de l'horizon, n'est troublé par aucun nuage, et le souffle de la brise, qui arrondit si mollement nos voiles, est presque aussi pur et aussi doux que l'haleine que je respire avec tant d'ivresse sur ta bouche adorée. Les pauvres matelots, qui jusqu'ici avaient craint de s'exposer au grand air, se sont assis ou se promènent sur le pont, et deux ou trois des bons religieux de la grande chambre paraissent depuis une heure absorbés dans une pieuse contemplation... Quand je pense que demain aussi tu pourras te montrer à mes côtés à tout l'équipage et devant tout les passagers.... Oh! que cet instant me paraît aujourd'hui lent à venir!... Mais voici l'heure où le devoir va m'appeler au commandement de mon quart... je vais te laisser seule pendant quatre heures encore.... Dors, repose-toi, en espérant demain, ma bien-aimée... Un autre baiser, un seul baiser encore avant de nous quitter pour si peu de temps... Oh! combien je suis heureux de tout ce que tu as fait pour moi! et par quels sacrifices payer jamais tous les sacrifices que m'a déjà offerts ton amour?

En remontant sur le pont, la tête pleine des idées

d'espérance et de bonheur qu'il avait été puiser auprès de son amante, le jeune officier retrouva les religieux et les matelots étrangers dans la position où il les avait laissés quelques heures auparavant sur le gaillard d'arrière et sur le gaillard d'avant. Seulement il crut remarquer que, pendant son absence, les bons pères s'étaient un peu rapprochés du grand mât pour entendre les chants monotones que fredonnaient les marins de quart en mêlant leurs voix sauvages au murmure de la brise, qui frémissait dans les voiles et entre les cordages du navire. Quant aux matelots passagers, assis silencieux sur la drome de dessous le vent et à l'abri de la chaloupe, on aurait dit, à l'immobilité de leur attitude et à la triste forme de leurs vêtements de malades, des ombres mélancoliques descendues avec la nuit sur les passavants du paisible bâtiment. Un des chanteurs de quart, accroupi en ce moment au pied du beaupré, répétait une de ces complaintes fameuses qui depuis tant de siècles parcourent les mers dans la bouche des malheureux condamnés à errer toute leur vie sur les flots, dont ils se sont fait une patrie. C'était l'histoire d'un navire surpris et coulé par d'homicides forbans que redisait le chanteur, en laissant mourir sa voix rauque avec les derniers mots du lamentable refrain de ces couplets... Tout-à-coup les accents plaintifs et cadencés de la voix de ce malheureux se sont changés en cris de frayeur et de rage : — Aux armes! aux armes! s'était-il écrié... On m'assassine!... James et l'officier de quart qu'il est venu pour remplacer s'élancent sur l'avant à l'endroit d'où ces clameurs se sont élevées... Mais quel spectacle s'offre à leurs yeux épouvantés! Les matelots étrangers se sont jetés, le poignard à la main, sur les hommes désarmés de l'équipage. Les deux officiers se sont déjà précipités sur leurs lâches ennemis, mais, poursuivis bientôt eux-mêmes par les religieux, qui les attaquent en s'unissant aux matelots passagers, ils succombent en retombant sur le corps des infortunés que les forbans déguisés ont immolés à mesure qu'ils montaient sur le pont pour voler au secours de leurs camarades que l'on égorgeait au-dessus d'eux. James, le malheureux James blessé, écharpé près de son capitaine expirant, fait un dernier effort sur lui-même, non plus pour opposer une vaine et impuissante résistance à la rage des marins, mais pour se traîner dans l'entrepont et mourir aux pieds de la femme qu'il aime, et qui va bientôt aussi mourir comme lui. Un des forbans, qui a suivi tous les mouvements du brave et jeune lieutenant dans l'horreur de la mêlée, s'attache à la trace que laisse sur le pont le sang qu'il perd en fuyant : il le rejoint, le coutelas levé sur lui, dans l'entrepont, et jusque vers l'endroit secret où l'infortuné veut exhaler le dernier soupir qu'il retient encore dans son sein entr'ouvert; et, au moment où le blessé touche déjà de ses mains mourantes les mains glacées de son amie, le coutelas du meurtrier tombe et s'enfonce dans le cœur du blessé, et les derniers cris de douleur de la victime se confondent avec les cris d'horreur et de désespoir que cette mort épouvantable vient d'arracher à la misérable Lirie.

L'assassin, effrayé lui-même de ces cris affreux qui ont frappé son oreille farouche, s'arrête, écoute, comme si quelque chose d'étrange était venu révéler à sa rage ou à sa peur la présence d'une autre victime à immoler... Mais le silence de la mort a succédé, dans le sein de l'obscurité qui règne dans l'entrepont, au sourd gémissement du lieutenant assassiné. Le bourreau, palpitant encore de la soif du sang dont il vient de s'abreuver, remonte rassuré sur le pont, laissant sans le savoir dans le refuge où il n'a pu pénétrer Lirie évanouie, à demi morte, et plus à plaindre mille fois que l'amant dont le cadavre saignant est venu tomber et se raidir à ses pieds.

Oh! que cette nuit, qui en apparence était descendue et si douce et si calme du ciel pour l'équipage anglais sans défiance, était devenue belle pour les forbans du *Maratte!* Aucune des victimes qu'ils avaient résolu de frapper en sortant du port n'avait échappé à la fureur et à la prévoyance de leurs coups; les morts, qu'ils comptent et qu'ils recomptent pour être plus sûrs de n'avoir épargné aucune tête qui puisse trahir leur crime, répondent au nombre des malheureux qu'ils ont voulu immoler dans le mystère du même assassinat; la mer recevra dans la profondeur de ses abîmes les dix-sept cadavres nus et dépouillés, pour qu'aucun d'eux ne puisse un jour venir révéler à sa surface les noms des victimes, et peut-être celui des meurtriers. Les monstres que les habits de religieux ont cachés longtemps à la surveillance des marins anglais qui ne sont plus ont fait déjà cause commune avec les prétendus malades que l'avare capitaine avait imprudemment accueillis à son bord; le même triomphe a réuni les mêmes criminels; et c'est dans le sang qu'ils ont répandu ensemble qu'ils renouvellent sur le pont du navire dont ils se sont emparés les serments de leur infernale union et de leur épouvantable amitié.

Un des effroyables religieux devient le capitaine du *Maratte;* un des matelots malades lui servira de second; les grades ils se les partagent. Ces gens-là se sont vus depuis longtemps. Le butin qu'ils ont conquis si vaillamment, ils se le partageront à la première terre, car ils se sont déjà entendus sur l'équité du partage; le sang qu'ils ont fait couler, ils le laveront demain ; les vivres dont ils ont été privés depuis plusieurs jours, ils vont se les distribuer pour satisfaire leur voracité, car le reste d'une nuit de victoire ne saurait être mieux consacré qu'à la joie du succès et à l'ivresse du triomphe. Ils savent, ils ont appris depuis longtemps que le sang des vaincus ne brille jamais plus vivement qu'à la lueur des torches d'un festin de cannibales, et que le sang ne sèche jamais mieux qu'à la chaleur d'une orgie de forbans.

Ils s'enivrèrent donc de sang, de vin et de saillies exécrables, les bourreaux victorieux !

— Vois la bonne maladie que nous avions dans

le ventre, s'écriait l'un en faisant reluire son poignard au-dessus d'un verre: les Anglais, qui croyaient nous envoyer par-dessus le bord, sont morts avant nous du mal que nous leur cachions dans la gaîne de nos coupe-gosiers.

— Et ce troubadour de quart qui chantait matines sur son bossoir, as-tu vu, disait un autre plaisant, la romance que je lui ai fait chanter avec accompagnement pointu de castagnettes en fer tout frais rémoulu ?

— Moi, c'est le capitaine qui m'a le plus amusé avec sa mine bégueule. Il croyait que j'allais lui défiler mon chapelet, quand je lui ai fait défiler la parade *ad patres*. Le chien! avait-il donc la vie tenace et le cuir dur! C'était, sans comparaison, comme une vieille semelle de botte à décrocher de sa ralingue.

— Et le petit lieutenant donc! c'est moi qui lui ai payé son décompte par livres, sous et deniers. Mais, vous me croirez si vous voulez, j'ai trouvé que c'était dommage d'envoyer si loin un tendre tourlourou si jeune.

— Un des *espoirs de la marine* peut-être bien, comme ils disent. Oui, ça devait être un peu dur pour un cœur sensible.

— Et *le seul appui de sa famille inconsolable,* comme ils mettent, à terre, sur l'emballage de pierre des trépassés... Ah! ah! ah! sont-ils donc bons avec leurs épitalaphes de pourris! Nous autres, sans savoir signer plus que notre sacré chien de nom, nous leur en avons fait dix-sept épitalaphes un peu rendurcies, que je dis, à ces Anglais morts à la fleur de leurs âges respectives!

— C'était joliment drôle, tout de même, cette première représentation de la *Surprise par amour* et par derrière! As-tu jamais vu comme ils tombaient les uns sur les autres, et nous par-dessus eux tous? Les places n'étaient pas chères au parterre, hein?.. Enflons encore, pour voir si ma plume est bonne, une goulée de leur rhum, et puis ce sera fini pour mon Altesse Sérénissime à moi.

— Oui, quand ce sera fini pour le rhum, que tu veux dire.

— Non: tu te mets dedans, et moi c'est dedans que je mets.

— Je ne veux plus rien dire : je veux tant seulement boire, comme dit la chanson, *jusqu'à demain tout d'une haleine.* Voyons, tas de moinacailles de la Terre-Sainte, chantez-nous une petite chanson d'église si vous en savez, une messe à réveiller les morts, pour trinquer avec nous, ci-devant les pauvres moribonds.

— Non pas, dis-donc ! ne réveillons pas les morts si vite; respect aux décédés et gloire aux escofiés ! A leur santé générale à ces braves gens, et à notre parfait rétablissement à nous !

Le jour se leva, sombre et pâle, sur cette scène d'horreur et de brutale débauche. Les forbans, gorgés de vin, avaient laissé aller, au gré du vent qui soufflait et de la mer qui grossissait autour d'eux, leur navire chargé de voiles. Assoupi comme ses matelots par l'excès de la fatigue sur le pont qui avait servi de théâtre au carnage et à l'orgie de la nuit, le chef des brigands ne se réveilla que pour promener au large et sur l'horizon ses regards affaissés... Un objet auquel les nuages lointains paraissaient prêter une forme fantastique sur le fond du brouillard qui, à cette heure de la journée, sortait du sein des flots, sembla fixer un moment son attention. — N'est-ce pas un navire que je vois sur l'avant à nous? s'écria-t-il en réveillant ses compagnons, et en appelant le secours de leurs yeux perçants à l'aide de sa vue incertaine.

Les forbans, rassemblés sur l'arrière, regardèrent avec inquiétude au large l'objet sur lequel leur attention avait été fixée, et ils répondirent à leur capitaine improvisé après avoir longtemps examiné cet objet :

— Eh! mais oui, c'est un navire qui court, selon toute apparence, à contre-bord de nous!...

— Et si c'était un croiseur qui voulût nous visiter? demanda le capitaine.

— Eh bien, il nous visiterait, reprirent les hommes de l'équipage. N'avons-nous pas les papiers du défunt capitaine de la barque à lui montrer, et ne savons-nous pas tous parler assez anglais, à l'occasion, pour mettre des visiteurs anglais dedans?

— Oui, mais ce sang, que nous avons laissé sécher sur les bordages du pont et sur le dedans de nos pavois, ne parlerait-il pas anglais aussi d'une autre manière et plus haut que nous?

— Ah! c'est vrai; nous n'y pensions plus, et ça pourrait pourtant vendre la mèche. Attrapons donc à laver le pont, et à donner un coup de brosse de propreté sur ces bordages que nous avons peinturés de rouge, la nuit dernière, comme du bois d'acajou. Mais en attendant, si tu veux nous en croire, capitaine, tu feras revirer le bateau de bord pour tâcher de ne pas faire la causette de trop près avec ce navire, qui a l'air de grossir à vue d'œil, et qui nous a la mine d'être plus haut mâté que l'ordonnance ne le porte pour une barque marchande.

On vira de bord, d'après l'avis général qu'avait exprimé l'équipage, et *le Maratte,* sans savoir encore quel pouvait être le bâtiment qui courait sur lui, prit chasse devant cette voile lointaine comme s'il avait eu à redouter son approche. Le courage qu'il faut à des pirates pour exécuter le dessein le plus hardi est moins rare que l'audace qui leur serait nécessaire pour ne pas trahir la peur que leur inspire le crime qu'ils ont commis. La lâcheté suit de près, chez eux, la témérité du moment; et la maladresse que les criminels mettent à profiter de leurs forfaits sert presque toujours mieux que les recherches les plus actives la justice qui veille pour en découvrir les traces. La Providence, en permettant qu'il existât des monstres parmi les hommes, a voulu du moins que les coupables ne restassent pas paisibles dans leurs crimes, et que les terreurs du remords révélassent presque toujours le secret des assassins.

Le Maratte orienta donc pour se mettre à fuir le navire encore inconnu qu'il avait aperçu loin de lui. Pendant une ou deux heures la distance qui séparait les deux bâtiments ne parut pas diminuer sensiblement, et les forbans s'applaudissaient déjà comme d'une victoire de l'espoir de pouvoir échapper à un danger que leur imagination troublée avait entrevu dans un des incidents les plus ordinaires à la mer, la rencontre d'un navire. Mais, vers le soir, le vent ayant acquis progressivement un nouveau degré de force, on crut remarquer à bord du *Maratte* que le bâtiment chasseur avait fini par obtenir, à la faveur du redoublement de la brise, un avantage de marche considérable; bientôt même il ne fut plus possible aux pirates de s'abuser sur cette circonstance, qui commençait à devenir un grand sujet d'alarme pour eux. A six heures de l'après-midi enfin ils virent arriver dans leurs eaux, et sur les lames écumantes que divisait le sillage de leur navire chargé de voiles, un bâtiment de guerre, une grande et majestueuse corvette à batterie couverte.

— Voyons un peu, dit à ses gens le chef temporaire de ces bandits de mer : que faut-il faire, selon vous, pour parer celle-ci et nous tirer, *les braies nettes*, de ce coup de temps qui ne m'a pas l'air de sentir trop bon?

— Il faut d'abord hisser notre pavillon anglais, répondirent les marins émus.

— Hissons donc notre mouchoir d'étamine rouge, si vous croyez que ça puisse nous tirer quelque chose du nez ; mais si cette corvette, que le diable tortille! vient à vouloir nous visiter? fit observer à ses compagnons le capitaine des brigands consternés.

— Tu lui parleras alors anglais si tu peux, répondirent encore les trouveurs d'expédients, et si tu ne peux pas leur dire comme il faut un mot de passe-partout dans leur langue, eh bien, tout sera alors dit et fini pour toi et pour nous : un bout de vergue et six brasses de filin feront notre affaire à chacun, sans qu'il y ait besoin de s'occuper du reste.

— Mais à propos, reprit le second, vous n'avez peut-être pas encore pensé à une chose, vous autres?

— Et à quelle chose n'avons-nous donc pas pensé? demanda le capitaine, nous qui avons tous pensé à faire si bien ribotte la nuit passée?

— A nous déguiser avec les effets que les trépassés que nous avons faits hier au soir ont laissés pour nous dans leurs malles et dans leur sacs. Comment voulez-vous que les gens de la corvette qui viendront nous remettre leur carte de visite à bord nous prennent pour des Anglais avec le gréement que nous avons sur nos individus? Vous aurez beau leur montrer les expéditions et les papiers du *ship*, ils vous diront toujours naturellement que, pour être Anglais, il faut avoir au moins le costume de la nation en vergue.

— Il a raison ! s'écria le capitaine en entendant l'observation judicieuse de son second, il a raison ! il faut que chacun de nous autres aille en particulier se masquer en *gentleman* ou en matelot de l'autre bord de la Manche, selon son grade ou sa qualité et la farce que nous voulons jouer à cette corvette. Ce sera peut-être le vrai Mardi-Gras du carnaval que nous avons enterré cette nuit, mais c'est égal : il vaut mieux jouer la comédie que de se faire stourber au croc d'une grande vergue. Moi je vais, pour donner le bon exemple, me déguiser en gros capitaine *Beefsteak*... *Boy, come here, give me my cloth.* Tiens ! voilà déjà que je commence à parler *charabia* comme défunt capitaine Cook !

Pendant le temps que dura ce travestissement général la corvette, qui n'avait à s'occuper que du soin de sa manœuvre, approcha tellement *le Maratte* qu'elle n'était plus qu'à une portée de pistolet par la hanche de celui-ci lorsque le capitaine pirate se trouva disposé à répondre aux questions que le commandant du bâtiment de guerre se préparait à lui adresser.

— Oh! du navire! lui cria-t-il en anglais, en faisant hisser à sa corne un large pavillon britannique.

— Diable! dit le capitaine avant de répondre à la question qu'il venait d'entendre, c'est une corvette anglaise : gare à nous!

— Oh! du navire! répéta avec humeur le commandant, répondrez-vous aujourd'hui ? Où allez-vous ?

— A Londres, répondit enfin le chef des forbans.

— Et pourquoi, puisque vous allez à Londres, avez-vous pris chasse devant moi en changeant de route?

— C'est que, voyez-vous? commandant, nous vous prenions pour un navire suspect.

— Mettez un canot à la mer, et rendez-vous en

double à mon bord avant que le temps, qui menace, nous empêche de communiquer.

— Commandant, nos embarcations ne peuvent pas tenir à flot, et plus de la moitié de mon équipage est malade ; j'ai jeté même quatre hommes à la mer depuis mon départ de Maurice.

— C'est donc la peste que vous avez à bord?

— Peut-être bien, mon commandant. J'ignore la maladie, n'ayant pas de médecin.

— Voyons, mettez en panne, et préparez vos papiers : je vais envoyer un officier visiter votre barque.

En un clin d'œil un des canots de la belle et manœuvrante corvette fut amené le long du bord, un officier et huit matelots dedans. L'embarcation svelte et flexible fend, en se secouant de l'avant à l'arrière, les trois ou quatre grosses lames qui la séparaient du trois-mâts; elle accoste, en rentrant d'un seul coup ses deux rangs de rames, le côté du vent du *Maratte*, et l'officier anglais, presqu'aussi leste et aussi vif que sa yole, saute d'une seule enjambée sur le plabord du navire.

— De quoi êtes-vous chargé? demanda-t-il au capitaine.

— De sucre, de coton et de café, répondit celui-ci avec assez d'assurance. Voici mon manifeste et mon rôle.

— Faites passer les gens de l'équipage derrière.

— Voyons, vous autres, vous avez entendu l'ordre : passez ici, qu'on vous visite un peu la mine.

— Est-ce là tout votre monde, capitaine? Votre rôle porte dix-sept hommes, et vous n'êtes là que treize : qu'avez-vous fait des autres marins et des passagers que vous aviez au départ?

— Morts, répond encore le pirate, et jetés comme tels à la mer.

— Morts? et comment encore? reprend l'officier en arrêtant sévèrement ses yeux sur les yeux embarrassés du pirate.

— Morts assassinés! s'écrie alors une voix sépulcrale qui sort de l'entrepont pour venir mourir à l'oreille surprise de l'officier et à l'oreille épouvantée du forban.

Et, avant que le silence funèbre qui a suivi ces lamentables accents soit interrompu, une fille pâle, décharnée, un spectre livide se traînant sous des habits de femme s'avance chancelante en appuyant sur l'escalier de l'entrepont ses mains ensanglantées.

Terrifiés d'horreur et d'effroi à ce sinistre aspect, à cette voix lugubre qui semble être sortie de la bouche d'un cadavre pour accuser leur crime, les forbans restent immobiles, les regards baissés sur le pont, où la veille sont tombés les corps palpitants de leurs victimes, qui semblent en ce moment s'élever du fond des eaux pour se redresser devant eux.

— Mais qui êtes-vous ? demande l'officier anglais au fantôme accusateur dès que l'émotion qui l'a saisi à la vue de cette ombre plaintive lui a rendu la force de l'interroger.

— Qui je suis? répond Lirie : une malheureuse fille qui, cachée à tous les yeux, a voulu suivre son amant sur les mers; une malheureuse qui a vu ces monstres massacrer le capitaine et les matelots qui les avaient accueillis parmi eux sans défiance; une malheureuse fille aux pieds de laquelle l'amant à qui elle avait donné sa vie est tombé percé de coups par la main de cet assassin... oui, de cet assassin, qui a bu, léché le sang de sa victime... Grâces, oh! oui, grâces éternelles soient rendues à Dieu qui, avant que je n'expire, m'a laissé assez de force pour mettre mon doigt vengeur sur le front des bourreaux!... Ah! maintenant je sens que je puis mourir : le ciel a permis que ma bouche révélât la vérité à la justice des hommes!

— Et dans quel endroit étiez-vous cachée? demanda l'officier à la malheureuse Lirie.

— Dans l'entrepont, à l'insu de tout le monde... C'est là que j'ai tout entendu, les coups des meurtriers, les cris des victimes; c'est là qu'évanouie et qu'expirante après la mort de mon amant, j'ai repris mes sens au son de votre voix pour me traîner vers vous, qui êtes un homme; ou plutôt c'est le ciel qui a voulu que je n'expirasse pas avant d'avoir appelé sa juste vengeance sur la tête de ces abominables meurtriers!

— Votre confiance ne sera point trompée, reprit l'officier. Mais, en attendant que ces brigands subissent le châtiment qu'ils méritent, souffrez que je vous fasse transporter à bord de la corvette, où vous recevrez tous les soins que réclament votre infortune et votre situation.

Et, après avoir adressé ces mots à Lirie d'une voix émue et animée, l'officier s'empressa de demander qu'on lui envoyât une embarcation d'à bord de la corvette, avec assez d'hommes armés pour qu'il pût prendre sûre possession du trois-mâts.

— Et pourquoi, demanda au porte-voix, le commandant du navire de guerre à l'officier, pourquoi voulez-vous amariner ce bâtiment?

— Parce que ce bâtiment a été enlevé à la mer par des forbans que je viens de découvrir à bord. Je vais vous envoyer une femme qui a tout vu, et qui m'a révélé le crime des pirates que vous allez recevoir dans l'embarcation que j'attends.

Quelques minutes suffirent pour que le deuxième canot de la corvette fût mis à la mer et pour qu'il se rendît, avec un second officier et quinze hommes armés, à bord du *Maratte*. La pauvre Lirie fut déposée aussitôt dans l'embarcation qui la première était venue visiter le navire; et la malheureuse fille, en se voyant en sûreté au milieu de ses libérateurs, crut avoir fait depuis son départ de Maurice un songe affreux, un rêve de sang qu'un réveil inattendu était venu dissiper. Le commandant de la corvette écouta en frémissant le récit terrible de la jeune créole. Il jura de faire prompte justice des meurtriers qui lui avaient ravi son amant. — Mais James, s'écria l'infortunée en entendant la promesse solennelle du commandant, quelle puissance humaine le rendra à la vie, à mon amour? Le ciel seul, le ciel va bientôt nous réunir tous deux.

Les treize pirates, consternés, anéantis, et jetés pêle-mêle à bord d'une des embarcations, arrivèrent le long du bâtiment de guerre, et montèrent un à un sur le pont comme des condamnés montent à l'échafaud qui les attend. Il faisait déjà nuit : les hommes dans les mains desquels on avait placé des fanaux promenaient comme à plaisir sur les figures hideuses de ces misérables la clarté vacillante, à laquelle ils s'efforçaient de dérober leurs traits.

— Qu'on les mette aux fers par les pieds et par les poignets, ordonna le commandant, jusqu'à ce que...

— Oui, jusqu'à ce que nous les hissions au bout de nos vergues par le cou, ajouta le premier lieutenant du bord.

Et, à cette saillie, tout l'équipage anglais laissa échapper un cri de joie.

La sentence des treize brigands venait d'être ainsi prononcée d'avance par tout un équipage.

La nuit fut noire et lugubre comme la scène funeste qu'elle était venue envelopper de ses premières ombres. *Le Maratte*, escorté à petite distance par la corvette, ne livra au vent, déjà impétueux, que le peu de voiles qu'il put tenir jusqu'au jour sur sa mâture fatiguée. Un feu, placé sur sa poupe au-dessus des vagues gémissantes qui battaient ses flancs, indiquait à son escorte la position qu'il continuait à garder par rapport à elle dans l'effort des grains et des rafales qui hurlaient sous le ciel obscurci. On aurait dit, en voyant le funèbre fanal de poupe du pauvre navire, un fantôme des mers parcourant, une torche livide à la main, les ténébreuses solitudes de l'océan; et, quand les matelots de quart à bord du bâtiment de guerre arrêtaient leurs regards sur ce feu errant au-dessous des nuages qui passaient par intervalles sur sa lueur mourante, et au-dessus des lames qui l'agitaient sans cesse, ils pensaient alors au sort que les forbans de ce navire avaient fait subir au malheureux équipage anglais, et au sort plus terrible encore que les meurtriers subiraient bientôt à leur tour en expiation de leur meurtre immense.

Lirie, placée dans la chambre même du commandant, continuait, de sa voix expirante, à raconter toutes les circonstances de l'événement funeste auquel elle n'était échappée que par miracle, et auquel, hélas! elle ne devait survivre que trop peu de temps. L'infortunée, touchée jusqu'aux larmes des soins qu'on lui prodiguait pour la rappeler à la vie, semblait, en remerciant ses libérateurs, désespérer pour elle-même de l'efficacité de leurs efforts. — J'ai rempli les vœux de la Providence, répétait-elle au médecin qui veillait à côté d'elle, et désormais il ne me reste plus qu'à mourir. Trop heureuse si j'expire encore dans les bras des parents que je me suis rendue si indigne de revoir à mon dernier soupir!

L'orage que le soir avait amené sur les flots soulevés s'apaisa cependant aux premières clartés de l'aurore, et les deux navires, en déferlant au souffle plus tempéré de la brise du matin leurs voiles encore humides des grainasses de la nuit, purent communiquer librement ensemble pendant toute la journée. Une grande affaire s'instruisait entre les deux bâtiments : c'était le procès des pirates que l'on poursuivait à bord de la corvette et du *Maratte*, qui continuaient à faire route pour Maurice ; procès horrible que l'exécution des coupables devait bientôt couronner, comme la hache du bourreau couronne, non loin de la tête du criminel, le triomphe passé du crime.

Dans ces temps de guerre, où la fréquence des forfaits rendait la promptitude des châtiments si nécessaire, la sévérité de la justice navale simplifiait singulièrement les formalités usitées dans les procédures maritimes. Le commandant de la corvette rassembla sous sa présidence le conseil du bord, composé de ses officiers, des principaux maîtres et de quelques matelots tirés au sort parmi les gens de l'équipage. Les treize pirates, amenés à demi morts devant leurs juges, n'eurent ni le courage d'avouer ni la force de nier le crime, dont l'évidence ne se lisait que d'une manière trop frappante sur leurs traits décomposés.

— Quelle peine votez-vous pour les coupables? demanda le commandant au plus jeune des membres du conseil de bord.

— La mort immédiate, répondit le jeune marin.

Et ce mot *la mort immédiate* passa dans une minute de la bouche du premier juge sur les lèvres sévères de tous les membres du jury.

— A nous maintenant le soin! s'écria le maître de manœuvre de la corvette en apprenant la sentence. Il y a à bord six bouts de vergues basses et six bouts de vergues de hune : c'est par conséquent douze cravates de chanvre à amarrer au cou de ces *gentlemen*.

— Mais ils sont treize, fit observer le lieutenant en pied à son subalterne chargé des menus détails de l'exécution : où mettras-tu le treizième de tes messieurs, maître Gibbs?

— Le treizième, mon lieutenant? mais à la place d'honneur, sous le beaupré du *ship*, au-dessous de la poulaine, comme de raison. C'est pour le chef de la bande que j'ai réservé ce poste-là. D'ailleurs l'Évangile n'a-t-il pas dit : « Les derniers seront les premiers dans mon royaume, » et n'est-il pas juste que le capitaine de la troupe arrive le premier dans le royaume dont nous allons ouvrir la porte à ces petites brebis du bon Dieu?

— Allons, fais ce que tu voudras, pourvu que tu fasses vite. Rapelle-toi surtout qu'avant la nuit il faut que nos douze bouts de vergue disponibles soient garnis autrement qu'avec leurs rabans d'empointure.

— Ce qui vient de m'être ordonné par votre bouche, mon lieutenant, sera exécuté ponctuellement par mes mains et celles de mes gabiers, vous pouvez y compter comme sur votre part de paradis; mais, avant de mettre à la besogne les quatre doigts et le pouce dont Dieu m'a fait la grâce de me faire présent, permettez-moi, lieutenant, de vous instruire du souhait général que nos gens ont formé, sans croire pour cela manquer à la discipline, que je respecte, comme vous savez, avant toute autre espèce de chose au monde.

— Et quel est ce souhait général qu'ont formé nos gens?

— Il y en a deux, et voici ce que c'est. En voyant, premièrement, arriver ces treize canailles à bord, l'équipage a eu, *primo mihi*, envie de les voir pendre, et de les pendre même le plus tôt possible; car il s'est dit (c'est, vous comprenez bien, l'équipage qui parlait et non pas moi), il s'est donc dit alors : D'un moment à l'autre nous pouvons tous nous perdre. C'est un des désagréments du métier; mais enfin n'importe. Nous pouvons donc nous perdre. Or, ne serait-il pas fâchant pour nous, si la chose venait à arriver quand nous avons ces coquins de scélérats à bord, de ne les voir périr que comme nous dans un coup de temps ou sur un rocher, et sera-t-il juste que des chenapans comme eux n'aient, sous nos yeux, que la mort faite pour des honnêtes gens comme nous ?

— Cette réflexion est fort sensée : des chenapans méritent mieux.

— C'est ce que j'ai pensé comme vous, lieutenant, avec tout l'équipage. Je crois même que c'est moi qui lui ai coulé cette idée sans avoir l'air de me mêler à la conversation. Pour lors donc, nos gens ont demandé à voir vite l'affaire se terminer à l'amiable. Premier souhait général.

— La sentence vient d'être prononcée, tu le sais bien. Passons à l'autre souhait.

— Oui, la sentence même a été prononcée assez rondement, et ma voix n'y a pas manqué, j'espère ; et je puis dire, sans trop me flatter, qu'elle n'a même rien gâté à la sauce.

— Et ce second souhait général de l'équipage, voyons, quel est-il ?

— Ah ! c'est juste ; m'y voici. Mais, avant d'aller

chercher midi à quatorze heures, il faut vous dire qu'en visitant le trois-mâts amariné un de nos vieux de la cale * a trouvé à bord de cette barque à scélératesse sept casaques de prêtres et six soubastements de malades à l'hôpital. Soi-disant ces treize fourrures, propres à garnir les mauvaises intentions d'un tas de renégats comme ceux-là que nous allons expédier dans peu, avaient servi à déguiser les treize infâmes à la bêtise du capitaine du trois-mâts. Bref donc que ces déguisements ont paru coupables à nos gens, d'autant plus qu'à la mer chacun doit, sous peine de punition, ne porter que l'uniforme de son grade et de sa qualité...

— Mais quel rapport, dis-moi donc, peut-il y avoir entre les guenilles qui ont servi à travestir les forbans et le second souhait général dont tu m'as parlé?

— Voici le rapport que vous demandez, lieute-

* Un ancien matelot.

nant. Les hommes du bord, voyant ce que j'ai eu l'honneur de vous dire, m'ont prié de réclamer de votre bonté la permission d'élinguer à nos bouts de vergues, et de leurs propres mains, les forbans susdits en costumes de prêtres et de malades, desquels, comme vous ne l'ignorez pas, ils se sont servis pour abuser de la bêtise de défunt le capitaine marchand et de ses officiers.

— Et pourquoi cette bizarre fantaisie?

— Pour à seule fin que les prêtres, une fois hissés là-haut sous l'uniforme de leur état, prient le ciel de plus près afin qu'il les ait en sa sainte et digne garde, et que les malades avalent plus aisément le bout de leur cable, en vrai costume de maladie. Mais, si la prière des premiers y fait quelque chose, je veux bien que le diable me double la carcasse en cuivre si la maladie des seconds se guérit par la seule vertu du bout de corde de pendu que je vais leur faire étalinguer sous la gargamelle!

— Allons, pour en finir vite et sans plus de

phrases, tu feras, pour exécuter l'ordre qui va t'être donné, tout ce que tu jugeras de plus convenable.

— Merci, lieutenant merci, car ce que je m'en vas juger de plus convenable sera de faire ce que j'ai eu l'honneur de vous demander à exécuter pour le bien du service de sa majesté britannique.

Maître Gibbs, enchanté d'avoir obtenu de son lieutenant la faveur qu'il sollicitait pour pouvoir donner plus de solennité à l'exécution capitale dont il allait être chargé, se rendit auprès des condamnés pour leur faire subir le travestissement singulier que l'équipage avait imaginé. Les treize criminels, devenus tout à fait indifférents, par peur plus que par résignation, à tout ce qui se passait autour d'eux, se laissèrent déshabiller, réhabiller et travestir comme on voulut. C'étaient déjà des gens à demi trépassés, avec lesquels la corde patibulaire n'avait plus à faire que la moitié de son office. Mais, à peine la dernière toilette des patients venait-elle d'être terminée sous la surveillance de maître Gibbs, qu'on entendit le commandant de la corvette ordonner, en regardant sa montre, l'exécution du jugement rendu par le conseil. Le maître d'équipage, rappelé sur le pont pour recevoir ses instructions définitives, de la bouche du lieutenant, sur le cérémonial à observer dans cette grande circonstance, s'empressa de faire affaler de l'extrémité de chaque vergue un long cartahu; et, lorsque le bout de chacun de ces cartahus fut disposé élégamment en manière de nœud coulant pour recevoir son homme, on fit monter de l'entrepont sur le gaillard d'avant les treize pirates, qui devaient ce jour-là faire les frais de la représentation extraordinaire dont tout le public de la corvette allait être appelé à jouir.

Si l'histoire que j'ai commencé depuis longtemps à vous raconter n'était pas déjà si longue, et que je me sentisse un peu moins pressé que je ne le suis d'en finir avec elle et avec vous, ce serait peut-être ici le cas de vous mettre sous les yeux le tableau imposant d'une exécution capitale en pleine mer; mais, comme jusqu'ici l'art des digressions, si habilement et si ennuyeusement exploité quelquefois par les romanciers mes prédécesseurs et mes maîtres, n'a jamais fait partie de la poétique que je me suis créée pour mon usage particulier, je me contenterai de vous dire tout simplement qu'au premier coup de sifflet que fit entendre maître Gibbs on vit douze des forbans monter comme par magie, au bout des vergues et le treizième descendre sous la poulaine du navire, tenus seulement par le cou, mais de manière à ne pouvoir tourner la tête ni à droite ni à gauche pour regarder ce qui se passait autour d'eux. Au second coup de sifflet du maître d'équipage l'affaire des repris de justice se trouva complétement faite; et, en élevant les yeux vers la ralingue de leurs voiles hautes, les matelots de la corvette aperçurent à l'extrémité des vergues douze cadavres, vêtus en prêtres ou en malades, qui pendillaient au vent et dans l'espace avec les rabans d'empointure des huniers et des basses voiles. Justice venait d'être rendue. Un coup de canon tiré sur l'avant avait annoncé, avec le coup de sifflet de maître Gibbs, le commencement de l'exécution : un autre coup de canon envoyé une minute après venait d'annoncer que l'exécution était terminée. Voix terrible et solennelle que celle du canon dans les solitudes de l'océan, un jour de grande justice surtout !

L'équipage, ce jour-là, avait eu double ration matin et soir, et il s'était réjoui, en voyant pendus les treize compères, bien plus certes que s'il avait vu happer à l'émerillon, le long du bord, une bonne douzaine de voraces requins ou de succulentes dorades. Les grands criminels ont à terre un destin cent fois moins rigoureux que les grands voleurs qui s'exposent à faire de mauvais coups sur mer.

Quarante-huit heures après avoir châtié d'une façon si terrible le crime des pirates dont elle était parvenue à s'emparer, la corvette anglaise entra au

Grand-Port de Maurice, ayant encore au bout de ses cartahus les corps brandillants des misérables avec lesquels elle avait continué à brasséier, à orienter et à amener au besoin ses vergues. Ce spectacle horrible attira autour du navire et sur le rivage de l'île une foule innombrable de curieux, et au milieu de cette foule on aperçut le père et la mère de Lirie qui demandaient en pleurant au navire *le Maratte,* qui suivait la corvette, la fille bien aimée qu'ils espéraient encore revoir et presser sur leur cœur palpitant.

Une embarcation de la corvette, armée par les ordres du commandant anglais, descendit en ce moment à terre : l'officier qui commandait ce canot venu silencieusement sur la grève appela dans la foule le père et la mère de la pauvre fille créole, et, quand il les eut vu accourir à lui en étendant leurs bras tremblants, il montra à leurs yeux consternés un long cercueil posé religieusement, sous un drap noir, sur l'arrière de l'embarcation.

C'était dans ce cercueil que dormait pour toujours l'infortunée Lirie.

ANTONIO BALIDAR.

Antonio Balidar.

MONOGRAPHIE MARITIME.

Pendant les dernières courses de nos corsaires dans la Manche un nom de capitaine devint tout à coup célèbre parmi les autres beaux noms de capitaines, mais célèbre à la manière du temps et de la foule, qui redisait ce nom sans l'avoir jamais lu dans aucun livre ni dans aucun article de gazette.

Les matelots en rêvaient dans leurs histoires de bord et les habitants des ports de mer se le répétaient mille fois par jour depuis Brest jusqu'à Dunkerque. C'était là tout ce qui faisait alors la plus grande gloire des héros de la marine marchande et la renommée de nos belles actions navales. Si, à cette époque, il eût existé d'autres journaux que les feuilles esclaves du gouvernement, la presse libre n'eût pas manqué de célébrer Antonio Balidar, ainsi que depuis elle a illustré l'intrépide Canaris et le brave général Allard ; mais comme, en ce bon temps de soumission et de taciturnité périodique, la presse était muette et l'histoire fort paresseuse, c'est à moi qu'il devait être réservé de parler le premier de la vie maritime d'un des hommes les plus remarquables que les historiographes nautiques aient pu oublier dans leurs légendes aristocrates.

Jamais encore je n'avais entendu prononcer le nom du marin auquel je vais consacrer aujourd'hui quelques lignes d'illustration, lorsque je fus appelé par un heureux hasard à devenir le témoin du premier acte d'audace qui devait lui ouvrir le chemin de la fortune et de la renommée. Voici comment le fait que j'ai à vous raconter se passa pour Balidar, le héros de l'aventure, et pour moi qui ne pensais nullement alors, je vous jure, à devenir un jour son biographe.

Nous rentrions à l'Ile-de-Bas (ou de *Batz*, selon les étymologistes) à bord d'un petit lougre convoyeur * placé fièrement en tête de cinq à six mauvaises barques que nous escortions depuis Brest. Une goëlette anglaise d'une belle apparence s'était montrée le matin sur les attérages de l'île, ou plutôt de la langue de sable à l'abri de laquelle nous allions chercher un mouillage pour nous et notre *grand convoi*; mais, comme le bâtiment en vue ne paraissait nullement chercher à contrarier notre pacifique man-

* Le lougre de l'État *le Granville*, armé de 8 caronades.

œuvre, nous ne pensâmes nullement non plus à aller le tracasser au large. Un petit côtre corsaire*, mouillé cependant sur le chenal où nous nous disposions à jeter l'ancre, s'était avisé, lui, d'appareiller vaillamment, avec l'intention assez manifeste d'aller attaquer, monté de trente-cinq hommes d'équipage, la goëlette, qu'il avait aperçue avant nous et que nous avions jugé à propos de laisser tranquillement poursuivre sa bordée au loin.

En passant à le ranger, au moment où il sortait par la passe que nous avions prise pour entrer, nous demandâmes au petit sloop ce qu'il allait faire dehors : — Enlouver à l'abordage cette méçante barque, nous répondit un des hommes du corsaire en nous montrant la goëlette qui croisait en dehors. Cet homme à l'accent plus que méridional et à l'assurance plus que corsairienne, c'était Balidar.

Informés aussi officiellement de l'intention que

---

* Ce petit corsaire se nommait *le Point-du-Jour*.

nous avions supposée au capitaine, nous nous occupâmes, comme bien vous pensez, beaucoup plus de la manœuvre du bougraillon de corsaire que de celle que nous faisions exécuter à bord de notre lougre pour gagner notre paisible mouillage. La brise, qui jusque-là avait enflé nos voiles, s'endormit bientôt sur la mer qui nous environnait et en dehors des rochers et des bancs de sable derrière lesquels nous allions nous nicher pour passer doucement la nuit. Le corsaire, après avoir contourné l'île avec le secours du dernier souffle de la risée, amena toute sa toile pour border ses avirons et approcher à force de nage et à la faveur du calme plat la goëlette, qui se trouvait encalminée à une lieue à peu près au large de lui. Cette chasse à l'aviron ne dura guère qu'une demi-heure, tant l'ardeur des rameurs était grande et tant la marche du côtre léger était rapide à la rame. Bientôt après cette demi-heure de nage écoulée nous vîmes le corsaillon rentrer ses avirons, comme un oiseau de mer ferme ses ailes une fois rendu sur la lame où il veut se reposer. Quelques coups de canon tirés par la goëlette se firent entendre : le corsaire répondit de son côté à cette volée par quelques coups de fusils et de pistolets, faute de canons; et puis nous n'entendîmes plus rien. La grande goëlette venait d'amener son pavillon pour le petit côtre.

Dans la nuit nous vîmes arriver près du rivage sur lequel nous étions restés attachés comme spectateurs le corsaire triomphant traînant à la remorque la capture qu'il venait de faire, et qui se trouvait deux fois au moins aussi longue que lui. C'était une goëlette de cent quarante à cent cinquante tonneaux, armée de six canons, montée de vingt-cinq hommes d'équipage, et chargée de vivres fins pour les états-majors de l'escadre anglaise qui croisait sur les côtes du Finistère.

Ce fut alors seulement que nous pensâmes à demander aux pilotes de l'Ile-de-Bas comment se nommait le capitaine du corsaillon victorieux, et ils nous répondirent qu'on l'appelait Antonio Balidar, qu'il était basque, portugais ou peut-être bien même espagnol, et que ce devait être, selon toute apparence, un gaillard d'assez de résolution. Les pilotes basbretons prédisaient alors le temps, et devinaient déjà assez passablement les hommes, comme vous voyez.

Notre plus grand désir, après avoir appris le nom du héros, fut de voir le héros lui-même. Nous nous rendîmes, pour satisfaire ce second mouvement de curiosité, à bord de son corsaire pour lui faire agréer nos félicitations, qu'il reçut sans daigner y prendre garde. Mais, malgré le peu de prix que sa modestie ou son indifférence semblait attacher à nos compliments, il daigna cependant nous annoncer que, pour peu que nous voulussions bien nous donner encore la peine d'attendre quelque temps, nous en verrions bien d'autres. Du reste, le capitaine Balidar était un assez beau garçon, quoique assez petit de taille, d'une figure large, ouverte et d'une mobilité d'expression peu ordinaire. Je remarquai que ses yeux, admirablement fendus sous leurs sourcils fortement dessinés, étaient recouverts par des cils noirs et lisses de la longueur d'un demi-pouce au moins. Je n'étais pas alors phrénologiste. Il n'était au surplus, à la manière des autres capitaines de corsaire, vêtu à son bord que d'un gilet rond et d'un large pantalon bleu, comme tous ses matelots. La beauté mâle de sa physionomie et l'énergie qu'il portait dans la vivacité de ses regards auraient seules suffi pour le faire reconnaître pour le capitaine au milieu de son équipage. C'était là surtout son premier signe de distinction. Lui-même comprenait si bien, en définitive, l'influence et l'autorité que son heureuse et imposante figure devait exercer sur le moral de ses gens qu'il disait quelquefois, en se plaçant le doigt sous l'œil à la façon mimique des Méridionaux, que c'était là que lui portait ses grosses épaulettes de capitaine de vaisseau. Et en effet, comme disent les matelots, tout son monde lui obéissait *à l'œil et au pouce*; et jamais la discipline maritime ne fut mieux observée au large qu'à bord des navires que commandait cet intrépide homme de rien.

La goëlette anglaise dont il s'était emparé si souplement à nos yeux alla désarmer immédiatement pour être vendue dans le port de Roscoff, situé à peu de distance du chenal de l'Ile-de-Bas. Elle réarma bientôt après, sous le nom de *l'Espérance*, pour le compte de M. Guilhem de Brest, qui l'expédia ensuite en aventurier à l'Ile-de-France.

Le petit côtre que commandait Balidar lorsqu'il fit la capture de *l'Espérance* était un de ces légers corsaires d'été que les armateurs de Calais, de Boulogne, de Dieppe et de Saint-Malo envoyaient, pendant les calmes de la belle saison, s'emparer à la rame des gros navires anglais qu'ils pouvaient rencontrer dans le chenal. Après avoir donné des preuves si évidentes de son habileté et de son audace, il ne fut pas difficile au capitaine portugais d'obtenir pour la course d'hiver, qui se préparait, un navire plus fort que celui sur lequel il avait si brillamment débuté dans la carrière du commandement. L'hiver suivant nous le vîmes venir au mouillage de l'Ile-de-Bas, où nous l'avions rencontré la première fois, sur un beau lougre de Dieppe à bord duquel il se promettait bien, comme il disait, de faire des siennes aux dépens du commerce anglais. Le lougre nouveau se nommait, autant que je puis me le rappeler, *l'Embuscade*. Les noms de navires m'échappent assez volontiers quand les noms des hommes qui montent ces navires ont le privilége de frapper vivement mon imagination ou de préoccuper un peu fortement ma mémoire.

En se rendant de son port d'armement à l'Ile-de-Bas Balidar avait donné à l'équipage de son lougre nouveau une preuve assez singulière de son sang-froid et de sa présence d'esprit. Étant tombé de son bastingage à la mer, dans la baie de Lannion, au moment où, un petit porte-voix à la bouche, il donnait un ordre à ses gens, on le vit, au milieu des lames, commander à son corsaire la manœuvre qu'il fallait qu'il fît pour le sauver, lui, le capitaine du navire. C'est la première fois sans doute qu'un capitaine s'est avisé de donner en nageant des ordres, au porte-voix, à son équipage ou à son officier de manœuvre.

Peu de jours après être arrivé au mouillage où il attendait, amarré auprès de nous, une brise favorable pour commencer sa course, Balidar apprit qu'un grand lougre de Jersey avait établi sa croisière au large de l'Ile-de-Bas, pour bloquer dans ce port les trois ou quatre corsaires qui s'y trouvaient en relâche. L'occasion d'ouvrir sa campagne d'hiver comme il avait clos sa campagne d'été lui parut belle. Il n'avait à bord de *l'Embuscade* qu'une centaine d'hommes d'équipage : il se procura à terre, au moyen d'un millier de francs, le supplément de matelots qu'il jugeait nécessaire à l'exécution de son dessein, en prévenant toutefois les nouveaux engagés qu'il ne les louait que pour le moment du coup de peigne. Puis, toutes ses dispositions faites, il dit un beau soir à ses collègues les autres capitaines de corsaires :

— Ce grand coquin de Jersien vous bloque ici; moi je vais vous débloquer du Jersien. Et, cela annoncé, voilà le lougre *l'Embuscade* parti avec les premières ombres de la nuit pour aller se donner une peignée (c'était alors le mot) avec le redoutable lougre anglais, qui jusque-là avait insolemment défié tous les corsaires mouillés dans le chenal de l'île.

Cette nuit fut terrible : deux heures après le départ de Balidar l'horizon s'embrasa du feu que vomissaient à courts intervalles les canons et la mousqueterie des deux navires en ébranlant l'air; au bruit de leurs volées et de leurs décharges, d'un sourd roulement semblable au fracas lointain de la foudre. Ce ne fut que vers le matin et avec les premières lueurs du jour que le combat cessa, et que l'on vit *l'Embuscade*, à moitié démâtée, regagner, les voiles criblées et les pavois enlevés, la passe qu'elle avait prise la veille pour joindre le lougre anglais. A la rentrée de Balidar sur le chenal de l'Ile-de-Bas, les premières embarcations qui l'abordèrent pour lui porter secours revinrent à terre chargées de morts et de blessés et couvertes du sang qui ruisselait du pont du corsaire à la mer. Trente hommes avaient péri dans l'abordage que *l'Embuscade* avait livré à l'ennemi. Le lougre que le corsaire avait ainsi accosté dans la nuit était armé de deux cents hommes d'élite et de douze pièces de canon. Les deux navires, après être restés crochés l'un à l'autre pendant trois heures, s'étaient séparés par l'effet de la lame et du vent, et Balidar, demeuré à bord de l'anglais pendant que son lougre avait pris le large, s'était vu contraint de se jeter à la mer pour regagner à la nage son lougre épuisé et délabré. Le grand lougre anglais, plus maltraité encore que son adversaire, avait repris péniblement la bordée du nord pour éviter l'attaque nouvelle que Balidar n'aurait pas manqué de lui livrer pour peu que son corsaire se fût trouvé en état de lui appuyer la chasse. Mais, comme disait le capitaine portugais après avoir rejoint ses gens à la nage : — Ce n'est pas le cœur qui nous manque, ce sont les jambes : ce coquin de Jersien a encore de la toile, et nous n'avons plus que des mouchoirs de poche pour faire route avec le vent. Oh ! si jamais le gueux retombe sous ma coupe !....

Les anecdotes particulières arrivent à la suite de l'histoire générale. Un des officiers de *l'Embuscade*, le seul qui fût resté intact de tout l'état-major, nous raconta que son capitaine, ayant déchargé sur le capitaine anglais les deux pistolets avec lesquels il était sauté un des premiers à l'abordage, s'amusait à assommer à grands coups de crosse de pistolet les Jersiens, qui fuyaient devant lui comme un troupeau de moutons devant un loup affamé. — Je ne sais pas, le diable m'emporte ! ajoutait cet officier, comment il n'a pas été étendu mort cent fois ! Il faut que les balles et les coups de sabre lui aient glissé sur le casaquin comme sur du fer poli.

Resté seul de tous nous autres à bord du lougre ennemi, les Anglais n'osaient plus taper sur lui, et il aurait seul amariné le navire s'il avait pu le manœuvrer seul. Il ne s'est, au reste, jeté à la nage pour nous rejoindre que de sa propre volonté, et comme s'il avait eu besoin de prendre un bain à la lame.

Mais ce fut à son retour à Roscoff que le glorieux capitaine fut accueilli étrangement pour un triomphateur : toutes les familles des gens qu'il avait levés la veille pour l'aider à donner son coup de peigne lui redemandaient compte des pères, des frères ou des enfants qu'il leur avait fait tuer dans son engagement avec le lougre anglais.

— Que voulez-vous que j'y fasse? répondait Balidar aux lamentations de toutes les mères, les sœurs et les filles qui le suivaient en pleurant ou en criant. Ne les avais-je pas prévenus d'avance que je leur ferais gagner leur argent? moi-même j'ai cherché à gagner le mien; mais, dans ces sortes de bambôches militaires, tremble qui a peur, malheureux qui est pris!

Au surplus, toutes les veuves et les orphelins furent indemnisés avec libéralité par le généreux corsaire; les blessés reçurent, dans une salle qu'il fit disposer à part, tous les soins que l'on pouvait acheter au prix de beaucoup d'argent et de sacrifices.

Au bout de huit à dix jours le lougre *l'Embuscade*, réparé, regréé et restauré, reprenait la mer, frais et dispos comme un navire sortant des chantiers, pour aller chercher au large d'autres combats et faire payer cher aux Anglais le demi-échec que le Jersien lui avait fait éprouver.

Il rentra, après un mois de croisière, avec trois ou quatre prises d'une assez grande valeur, mais sans avoir rencontré cette fois l'occasion de renouveler sa *bamboche militaire*.

Devenu riche par les captures qu'il avait faites, et fameux entre tous les corsaires par les actions d'éclat qu'il avait attachées à la source de sa fortune, Balidar eut un jour la fantaisie de se marier, non pour avoir une femme à lui : il pouvait en acheter mille, mais pour faire comme les autres, et pour savoir peut-être un peu ce que c'était que le mariage, dont il était sans doute fatigué d'entendre parler autour de lui. On lui dit, une fois marié, qu'avec une jolie femme il était bon d'avoir une belle maison; et le nouvel initié dans les mystères de l'hymen devint propriétaire d'un des grands hôtels du port de mer où il avait déjà trouvé une épouse. Le balcon de l'hôtel était en fer : l'acquéreur le fit remplacer par une balustrade d'argent massif. Et, quelques jours après avoir installé sa femme dans la maison somptueuse qu'il venait de faire meubler splendidement, voilà le corsaire qui quitte sa maison nouvelle, sa jeune épouse en pleurs et son balcon en argent, pour aller se jeter à bord d'un grand côtre qui l'attendait au sortir de l'autel, et tomber au beau milieu de ses anciens compagnons d'aventures, avec lesquels il reprend la mer comme s'il avait eu encore sa fortune à faire et son avenir à assurer.

Cette reprise de possession du métier fut encore marquée par un de ces événements qui signalaient presque toujours la réapparition de Balidar dans les mers de la Manche. Un petit brick de guerre anglais se trouva, par malheur pour lui, sur la route que prenait le côtre du nouveau marié pour se rendre à l'ouvert de la Tamise. Le côtre chasse dans la nuit le brick, qui se laisse poursuivre avec l'intention de faire payer cher son audace ou sa méprise au bâtiment chasseur, qui semble s'être fourvoyé en manœuvrant pour l'accoster; mais Balidar, qui a deviné la force, l'espoir et le projet du brick de guerre, ordonne à tout son équipage de se tenir à plat ventre sur le pont pendant que lui seul gouvernera le côtre de manière à aborder l'ennemi au moment opportun. — C'est alors, dit-il à ses gens, qu'il sera temps, mesdemoiselles, de vous relever de couche, et vitement.

Le brick anglais, à l'instant où il voit arriver à une portée de fusil dans ses eaux le corsaire, dont il croit pouvoir s'emparer comme d'une proie qui lui est déjà acquise, commence par venir brusquement en travers pour envoyer par l'avant toute sa volée à son téméraire adversaire. La mitraille siffle, pleut sur le pauvre côtre et sur Balidar, qui, toujours placé debout à la barre, reçoit en se secouant les oreilles ce bruyant coup d'éventail; mais, avant que l'Anglais ait pu changer de bord pour lancer son autre volée au corsaire, qui continue à l'approcher, celui-ci vous élonge son brick par la hanche, et lui vomit sur le pont cent cinquante lurons qui, la hache et le poignard à la main, vous enlèvent en dix minutes la prise, sur laquelle eux aussi avaient compté comme sur une proie inévitable.

La nuit même de cet engagement le côtre, après avoir expédié pour France le brick capturé, amarina les trois ou quatre gros navires qu'escortait le brick anglais, devenu si vite à la mer une prise française.

L'Empire, comme on l'a souvent dit, était le temps des capacités militaires; mais il s'en fallait encore beaucoup que cette époque glorieuse fût le temps des capacités maritimes. Napoléon, qui probablement n'avait jamais entendu ses courtisans parler de Balidar à Saint-Cloud ou à la Malmaison, ne songea même pas à envoyer au vaillant corsaire la croix, que l'on commençait déjà alors à distribuer avec assez de profusion aux maires de campagne et aux employés de préfecture. Le corsaire se passa donc, sans trop y prendre garde peut-être, des faveurs du gouvernement impérial. La fortune l'avait déjà comblé des siennes, et nos ennemis lui avaient depuis longtemps rendu assez de justice en apprenant à redouter son audace et à répéter souvent son nom avec effroi.

La noble, la douce, la glorieuse paix de 1814 descendit enfin du ciel sur le monde épuisé, comme disaient tous les bons Français dont fourmillait alors notre malheureux pays. Balidar, comme tous ses autres compagnons de course, rentra avec cette paix dans le néant d'où la guerre l'avait fait sortir ; mais son nom, que le *Moniteur* n'avait encore publié que pour annoncer la rentrée des prises qu'il ramenait dans nos ports, resta, en disparaissant sur nos mers, dans la tradition des habitants de nos côtes ; légende plus fidèle, moins injuste et aussi belle que celle de l'histoire écrite et de la renommée feuilletonnée. Et aujourd'hui même que la célébrité se fait si vite à grand renfort de notices, demandez au premier riverain venu de la Manche ce que c'est que ce Balidar dont aucun journal n'a encore parlé : le riverain vous dira ce que fut et ce que fit ce corsaire si peu connu de la presse, et si célèbre néanmoins pour les hommes qui n'ont jamais su lire. N'est-ce donc pas là aussi, croyez-vous? une bonne, sûre et tenace célébrité?

Quelques capitaines du Havre longtemps après la paix disent avoir rencontré sur les côtes du Mexique le fameux corsaire faisant toujours la course là où la course pouvait encore se faire. Un de ces capitaines m'a rapporté que, pouvant s'emparer du navire qu'il montait, Balidar se contenta de lui demander son nom, et qu'après l'avoir reconnu pour un de ses anciens amis, il lui cria au porte-voix : — Continue tranquillement ta route. Dis dans ton pays que j'aimerai toute ma vie les Français et la France.

Ce fut là le dernier mot que le corsaire portugais adressa sans doute à notre pays, en pleine mer, à deux mille lieues de la patrie bien-aimée qu'il avait adoptée et qui ne l'adopta pas.

UN PRÊTÉ POUR UN RENDU.

Un Prêté pour un Rendu.

HISTORIETTE MARITIME.

Après que Napoléon eut abandonné ses projets de descente en Angleterre pour faire face tout seul au continent, qui venait de s'armer une seconde fois contre lui, le ministre de la marine, voulant utiliser quelques-uns des bâtiments de l'innombrable et stérile flottille de Boulogne, donna l'ordre de disperser dans les ports de la Manche cinquante à soixante péniches que l'on détacherait de l'expédition de débarquement. Ces petites embarcations, commandées par des aspirants ou des chefs de timonnerie, devaient faire sur nos côtes, sans cesse harcelées par les Anglais, le service de gardes-pêche ou de convoyeurs.

Un de ces canots, équipé de trente hommes, sous les ordres d'un jeune aspirant appelé Berthus, fut affecté à la station de Granville. La péniche *l'Active*, qui tenait à mériter son nom, sortait à presque toutes les marées pour aller rôder au large ou protéger pendant la journée les bateaux pêcheurs, qu'elle ramenait ensuite le soir dans le port, qu'elle avait quitté avec l'aurore. Partout dans le pays on vantait la vigilance du capitaine Berthus et l'exactitude exemplaire qu'il mettait à remplir le service qui lui avait été confié; et, comme les éloges ont presque toujours le privilége de rendre la jeunesse fort ambitieuse, si ce n'est trop présomptueuse, l'adolescent capitaine finit par concevoir de lui-même une opinion si supérieure à celle qu'il avait déjà inspirée à tous ses admirateurs qu'il ne parla bientôt plus que du désir qu'il aurait de se mesurer, avec sa péniche, contre le premier brick anglais qui se rencontrerait sur sa route.

Cette occasion de gloire si vivement souhaitée par le jeune imprudent ne se fit pas longtemps attendre; et à l'époque dont je vous parle il y avait de ces sortes d'occasions-là pour tout le monde; c'était enfin, comme on dit vulgairement, le temps où il n'y avait *qu'à se baisser pour en prendre*. Un beau jour qu'à quelques lieues de Granville la péniche *l'Active* s'était tranquillement amarrée à l'abri d'un groupe de rochers que l'on nomme *les Minquiers*, elle aperçut, courant à terre d'elle, un grand brick qui, de son côté, paraissait avoir déniché dans sa retraite assez obscure la pauvre petite barque française. La résolution depuis trop longtemps arrêtée de notre jeune capitaine fut bientôt prise : il ordonna à ses trente hommes de border les avirons et de nager sur le navire ennemi, qu'il n'y avait guère moyen d'éviter. Le combat s'engagea à portée de pistolet entre le grand brick, armé de dix-huit caronades de trente-deux, et la pauvre péniche, munie pour toute artillerie de deux minces crapaudines de huit. Le feu du bâtiment anglais se trouva bientôt si chaudement nourri que ce ne fut plus que sous une grêle battante de mitraille que notre vaillant aspirant put se flatter de pouvoir aborder son redoutable adversaire. Cette cruelle nécessité ne rebuta pas cependant le courage de notre Jean-Bart imberbe, et il ordonna l'abordage à ses gens, qu'avaient déjà hachés les premières volées de la corvette-brick. Mais, au moment où la téméraire péniche abordait de bout en bout le bâtiment, qu'elle était enfin parvenue à joindre, Berthus s'aperçut que son canot lui coulait sous les pieds, et les Anglais vainqueurs furent obligés de retirer des flots ensanglantés les téméraires qui, une minute auparavant, avaient eu le projet de les enlever à l'abordage.

Le capitaine français, ainsi péché le long de la corvette et au milieu des débris de sa péniche, se présenta au commandant anglais en lui disant : — Commandant, j'avais tout à l'heure un sabre, que je devais vous rendre ; mais, maintenant que vous m'avez fait plonger à l'eau comme un canard, c'est par le fond qu'il faudra que vous fassiez chercher mon arme si vous tenez à la posséder.

Le capitaine Atchisson, qui parlait français avec la plus remarquable facilité, répondit gracieusement à son prisonnier : — Monsieur, si le hasard avait voulu que j'eusse reçu votre sabre, je ne l'aurais accepté que pour avoir l'honneur de le replacer dans les mains qui ont si bien su s'en servir.

A la suite de cet échange de petits compliments guerriers le capitaine anglais conduisit provisoirement l'aspirant français dans les prisons de Plymouth avec les seize ou dix-sept hommes qui avaient eu le bonheur de survivre au dernier des combats livrés par la péniche *l'Active*.

Avant de quitter son jeune prisonnier pour retourner à la mer Atchisson eut soin de le prévenir qu'il recevrait bientôt des nouvelles de l'Amirauté anglaise; — car, ajouta le capitaine, j'ai au *Transport-Office* un de mes parents qui ne me refusera pas le bonheur de vous être utile et de vous prouver l'estime que vous m'avez inspirée... L'aspirant, à ces mots, embrassa le capitaine par reconnaissance et sans trop compter sur l'effet de ses promesses. Le capitaine partit, l'aspirant resta; et quinze jours s'écoulèrent avant que celui-ci reçût l'autorisation de quitter la prison pour se rendre au cautionnement qu'il plairait à l'Amirauté de lui désigner pour lieu de réclusion.

Le seizième jour de sa captivité nouvelle Berthus cependant fut invité à se rendre, sous l'escorte d'un garde-clef, à la barrière de la geole et de là chez le commissaire de la prison. — Monsieur le français, lui cria l'administrateur du lieu du plus loin qu'il aperçut notre jeune homme, rendez mille fois grâce au capitaine Atchisson : voici l'ordre qu'il vient d'obtenir pour que vous soyez reconduit en France sur le premier parlementaire qui partira pour Morlaix. Nous pouvez vous flatter d'être le seul prisonnier qui ait fait jusqu'ici un aussi court séjour dans la maison de santé que j'ai l'honneur de diriger depuis le commencement de la guerre.

Berthus, à cette nouvelle inattendue, pleura de joie et d'attendrissement. C'était tout ce qu'il pût faire de mieux alors, mais il se promit bien que, si jamais l'occasion lui permettait de se venger de la générosité de son brave libérateur, il prendrait avec lui la plus éclatante revanche.

Trois ans cependant se passèrent sans que l'aspirant, rendu à son pays par la magnanimité du capitaine Atchisson, entendît parler de son noble bienfaiteur. Devenu lieutenant de vaisseau à la suite de quelques croisières, Berthus avait en vain demandé à tous les Anglais qu'il avait rencontrés sur mer des nouvelles du brave capitaine : personne encore n'avait pu satisfaire sa juste impatience ; mais le hasard, cette providence cachée des cœurs reconnaissants, lui réservait la satisfaction que toutes ses recherches n'avaient pu procurer encore à son âme.

Un soir qu'assis avec nonchalance dans ce qu'on appelait par hyperbole la salle de spectacle de Cherbourg, le lieutenant Berthus s'amusait ou plutôt s'ennuyait à voir deux ou trois mauvais acteurs miauler un méchant vaudeville en présence de trente ou quarante victimes abonnées au théâtre, le bruit d'une rixe encore plus discordante que l'orchestre du lieu attira l'attention de notre spectateur distrait. C'était un officier de marine qui s'obstinait à vouloir faire mettre le chapeau bas à un étranger qui s'obstinait à ne pas se découvrir. On portait alors pour coiffure ces énormes *claques* que l'on a remplacés depuis longtemps par tout ce qu'on a pu trouver de plus ridicule à substituer à tout ce qu'on avait pu inventer de plus incommode. L'officier de marine alléguait pour ses raisons que le claque de notre étranger lui masquant une bonne partie de la scène, il se croyait en droit d'exiger que cet inconvenant spectateur se décoiffât. L'étranger, de son côté, pour légitimer sa résistance aux injonctions de l'officier, répondait qu'il ne voyait pas la nécessité de s'enrhumer pour laisser voir aux personnes placées derrière lui un spectacle qui ne valait guère la peine d'être vu. Berthus, comme ami de l'officier, crut devoir intervenir dans cette querelle frivole pour amener les deux parties à des concessions mutuelles, et il parvint sans beaucoup d'efforts à obtenir que l'étranger pût conserver son chapeau sur sa tête sans s'exposer, après avoir changé de place, à gêner son voisin. Moyennant ce petit arrangement, qui ne devait rien coûter à l'amour-propre des antagonistes, la paix fut bientôt rétablie. Mais, au moment où l'étranger allait s'emparer de la main de l'officier pacificateur pour lui adresser ses remerciements,

Berthus, en jetant les yeux face à face sur son inconnu, ne put s'empêcher de laisser échapper ce cri arraché imprudemment à sa surprise :

— Quoi! vous ici!... Et comment se fait-il?...

— Vous le saurez après la pièce, reprit gravement le capitaine Atchisson ; mais commençons par causer d'autres choses.

Les deux amis causèrent assez haut pendant tout le reste du spectacle ; mais, une fois la pièce finie, Berthus, entraînant chez lui son commandant anglais, lui demanda avec émotion comment il pouvait se faire qu'en pleine guerre il ne craignît pas de se montrer ainsi au milieu de ses ennemis.

— Mon ami, répondit Atchisson, je vous surprendrai sans doute en vous apprenant que depuis quinze jours je me suis fait débarquer de ma frégate la nuit dans un de mes canots, et que depuis que je me trouve ici le temps a été trop mauvais pour permettre à mes gens de venir me chercher au lieu où je leur avais donné rendez-vous pour le lendemain.

— Et quel était votre projet en vous faisant débarquer mystérieusement ainsi sur nos côtes?

— D'étudier un peu la France en amateur et de voir en artiste votre Normandie, qu'on m'a toujours citée comme un fort beau pays.

— Mais, si l'on vous avait reconnu pour un officier ennemi, on vous eût fait prisonnier.

— Sans doute.

— Et même, si l'on vous avait accusé d'espionnage, on aurait pu aller jusqu'à vous faire fusiller.

— Peut-être bien.

— Et qu'attendez-vous maintenant et quel peut être votre espoir?

— D'avoir le plaisir de prendre un verre de punch avec vous.

— Un verre de punch? Il s'agit bien de cela quand il y va peut-être de votre vie!

— Et de quoi s'agit-il donc de plus sérieux selon vous ?

— De vous faire parvenir en sûreté à bord de votre frégate.

— Et qui se chargera de cela, s'il vous plaît ?

— Qui, dites-vous ? Mais moi, parbleu !

— Vous ?

— Oui sans doute, moi.

— En ce cas, mon bon ami, il ne s'agit plus de prendre un verre de punch ; j'attendais cette réponse pour ne plus avoir envie de trinquer avec vous. Vous étiez déjà à mes yeux un brave officier, vous êtes maintenant quelque chose de plus : vous êtes un galant homme des pieds à la tête, le cœur, le cœur surtout compris dans l'inventaire. Mais, comme en ce moment je tombe de fatigue, je vous demanderai la permission de me reposer un instant sur votre lit. Quand ma tête sera sur votre oreiller je trouverai le sommeil, que j'ai perdu depuis quinze jours. Ce doit être une bonne chose pour une tête un peu agitée comme la mienne que l'oreiller d'un brave garçon comme vous.

Pendant que son hôte se disposait à dormir du somme le plus profond Berthus, voulant mettre à profit le temps précieux que lui laissait encore la soirée, s'en alla chercher quelques-uns de ses amis pour les consulter sur ce qu'il lui conviendrait de faire dans la situation assez critique où venait de le placer la rencontre imprévue du capitaine anglais. Trois des collègues du jeune officier se trouvèrent bientôt réunis dans un café où ils avaient l'habitude de passer avec lui la soirée et quelquefois une bonne partie de la nuit. Berthus leur raconta brièvement l'aventure qui venait de lui arriver, en demandant à chacun d'eux ce qu'il jugerait à propos de faire si le hasard l'avait placé dans l'embarras où il se trouvait lui-même. Les trois confrères de Berthus n'hésitèrent pas à lui répondre qu'ils se seraient tous conduits comme il l'avait fait jusque-là, en n'obéissant qu'à la seule inspiration de sa conscience et de son cœur.

— Mais, mes chers camarades, s'écria alors Berthus, ce n'est pas là ce que je vous demande. Ne pas trahir l'homme dont on a accepté un service est une chose si simple et si naturelle que je n'ai pas douté un seul instant de l'approbation que vous donneriez à la conduite que j'ai tenue à l'égard du capitaine Atchisson; mais ce que je voulais savoir de vous, c'est la manière dont il conviendrait que je m'y prisse pour reconduire mon ami à bord de sa frégate.

— Diable! répliqua à ces mots un des trois conseillers, la question que tu viens de nous poser là est un peu délicate. S'il n'y avait à procurer à ton hôte mystérieux qu'une petite embarcation que l'on pourrait pousser d'un coup de pied au large en lui souhaitant bon voyage, la chose ne serait peut-être pas difficile à trouver, car, une fois expédié ainsi, ton Anglais ne laisserait sur la côte d'où nous l'aurions fait démarrer en double aucune trace qui pût nous compromettre; mais s'aboucher avec quelques bavards de pêcheurs, ou avec quelques fraudeurs maladroits et peut-être perfides, pour leur confier un dessein aussi contraire à nos devoirs d'officiers de marine, c'est trop s'exposer à être découvert sans certitude de réussir, en exposant son grade et sa tête. Et à quelle espèce d'homme encore, à quelle classification humaine enfin appartient ton gros commodore?

— Eh! parbleu! tu me demandes cela, toi qui, il y a à peine une heure, as failli te couper la gorge avec lui à propos d'un chapeau à claque!

— Comment! il se pourrait que ce fût cet original qui, au spectacle, m'a masqué la moitié de la scène avec son claque si mal orienté au plus près du vent!

— Eh! sans doute qu'il se pourrait bien que ce fût lui, puisque c'est lui-même.

— Oh! en ce cas, mon cher ami, il n'y a plus à hésiter : la circonstance m'entraîne et la sympathie me décide. Il m'a paru en vérité trop drôle, ton diable d'Anglais, pour que ce ne soit pas un brave et digne homme dans son genre, et c'est à moi, qui ai déjà conclu un traité de paix avec lui, qu'il appartient de droit de proposer le plan à adopter pour opérer sa translation de Cherbourg à bord de sa frégate.

— Voyons donc ton plan, s'écrièrent à la fois les trois amis de l'orateur.

— Écoutez. Vous savez que j'ai à ma disposition un canot assez bien gréé dans lequel je m'amuse, pour tuer le temps, à louvoyer presque tous les jours en rade...

— C'est, ma foi, vrai!... D'ici je vois déjà ton plan... Va toujours de l'avant.

— Nous sommes quatre, n'est-ce pas? et quatre gaillards qui, ceci soit dit sans nous flatter, savons assez passablement patiner une embarcation.... La nuit est noire, le temps maniable.....

— La nuit est même magnifique, la brise adorable, et la frégate anglaise doit s'être assez rapprochée de la côte pour qu'on puisse la rencontrer sans peine avant le jour, qui se lève tard en cette saison.

— On vous embarque dans mon canot notre commandant anglais avec un pain de sept, un bidon d'eau et une bouteille de schnick.....

— Oui, c'est bien dit ; mais le mot d'ordre, pour passer auprès du stationnaire de la rade ?

— On ne l'a pas, ce polisson de mot d'ordre, et on s'en passe en brûlant bien gentiment la consigne du stationnaire, et en passant dans le brouillard au large de lui.

— C'est cela ; et, comme tout le monde ignore notre secret, personne ne pourra par conséquent trahir notre complot.

— Personne au monde, à moins cependant que quelque circonstance imprévue ne vienne éventer la mèche, et qu'au bout de la mèche il n'y ait du plomb pour venir nous casser la tête par sentence d'un conseil de guerre ; car ce que nous allons faire là, il ne faut pas se le dissimuler, n'est rien moins.....

— Rien moins qu'une belle action.

— Qu'une action toute simple, toute unie, et qui doit marcher toute seule comme sur des roulettes.

— Berthus, c'est dit, comme tu le vois. Va réveiller ton Anglais pendant que nous allons, nous autres, mâter mon canot et faire des vivres pour notre prochaine croisière et notre coup de flibuste. Mais engage ton anglais, s'il est possible, par complaisance pour moi, à ne pas prendre son claque. A la mer tu sais bien qu'il est bon de ne pas avoir la vue masquée, pour pouvoir ouvrir l'œil devant et bien veiller au bossoir.

— Le claque, je te le promets, sera amené en grand sur le pont. D'ailleurs, pour ne pas éveiller les soupçons que nous devons redouter, je ferai endosser à notre fugitif un de mes uniformes, pour qu'en cas d'alerte les mouchards, tu entends bien, puissent nous prendre pour cinq officiers de la marine.

— Bravo! bravissimo!... Un commandant anglais en habit de lieutenant de vaisseau de la marine impériale!... Les faiseurs de vaudeville, que le diable enlève! n'ont pas encore, j'en suis sûr, deviné celle-là... Mais, messieurs, avant de nous séparer pour un instant, je propose à l'assemblée de voter des remerciements à notre ami Berthus pour le plaisir qu'il va nous procurer. Pas vrai?

— Oui! oui! c'est juste et convenable. Berthus, reçois nos sincères et unanimes remerciements, et ne perds pas un moment pour nous ramener ta pratique.

Berthus, enchanté des bonnes dispositions qu'il venait de rencontrer chez ses trois confrères, partit pour réveiller Atchisson, qui ronflait déjà comme un bienheureux. En quelques mots il eut bientôt instruit le commandant du projet qu'il venait de former et du rôle qu'il lui avait réservé dans la petite scène nocturne que ses camarades et lui s'étaient proposé de jouer pour favoriser son évasion. Atchisson approuva tout, et s'habilla tranquillement sans trouver aucune objection à opposer au plan qui venait de lui être exposé. Seulement, au moment où il lui fallut abandonner son claque pour se couvrir le chef d'un des chapeaux d'uniforme que lui présentait Berthus, il eut soin de recommander à son ami de ne pas oublier de remettre le claque à l'officier avec lequel il s'était un peu querellé au spectacle de Cherbourg.

— Ce claque-là lui rappellera, dit Atchisson, que je me suis trouvé heureux de lui faire ce petit sacrifice, qui lui dira, en attendant mieux, la reconnaissance que m'inspire sa générosité.

Les deux amis sortirent pour se rendre vers l'endroit du rivage où les attendait l'embarcation, qu'avaient déjà mâtée et préparée les trois officiers complices de cette petite conjuration. Le canot fit voile avec la brise de terre, qui le poussa en peu de temps hors de la rade, que recouvraient les ombres protectrices de la plus belle nuit d'automne. Vers une heure du matin, à une faible distance en dedans du cap La Hague, un des canotiers crut apercevoir un grand navire dont la masse, plus sombre encore que les ténèbres qui l'environnaient, paraissait offrir l'apparence d'un vaisseau de guerre ou d'une frégate. — Accostez avec confiance ce bâtiment, dit en ce moment Atchisson à ses libérateurs : quel qu'il soit, il me recevra à son bord s'il est anglais, et bientôt je n'aurai plus à trembler pour vous, qui avez exposé si noblement votre état, ou même peut-être votre vie, pour sauver un étranger... car je n'ose plus dire un ennemi.

A peine le commandant avait-il prononcé ces paroles qu'entre le bâtiment aperçu et le canot qui les portait les officiers français virent arriver à eux une embarcation, qui se halait en faisant retentir régulièrement sur ses plabords de grands et larges coups d'avirons. Dès que les deux canots se trouvèrent presque bord à bord une voix s'éleva du canot inconnu pour demander à l'embarcation qui venait d'accoster d'où elle était partie. A cette interrogation, articulée en anglais, Atchisson n'eut qu'un mot à répondre : — C'est moi ! s'écria-t-il : accostez, et conduisez-moi à bord de ma frégate ; car il y a assez longtemps que mon lieutenant m'attend.

En reconnaissant la voix de leur commandant les matelots anglais firent éclater la joie la plus vive, et le *midshipman* qui les commandait s'empressa de demander à Atchisson par quel prodige il pouvait se faire qu'une embarcation française eût consenti à le ramener à bord, lui que tout l'équipage croyait tombé au pouvoir des Français. — Cela sera toujours pour vous un mystère, répondit Atchisson, et pour moi un éternel motif de gratitude envers la plus généreuse nation du monde. Puis, après avoir embrassé chacun de ses libérateurs, le commandant, s'arrachant des bras de son ami Berthus, lui dit, le pied droit déjà posé sur le plabord du canot de sa frégate :

— A propos, mon ami, j'ai oublié de vous demander une chose.

— Et laquelle, mon commandant?

— Etes-vous marié?

— Non.

— Avez-vous une inclination?

— Aucune. Et pourquoi ces questions?

— Ah! voyez-vous? c'est que j'ai en Angleterre une jeune sœur que l'on trouve belle, que l'on dit fort aimable, et qui sera très-riche : voulez-vous que je vous l'envoie par le premier parlementaire pour que vous l'épousiez?

— Mais, mon ami, est-ce bien le moment de parler mariage?

— Dites-moi si vous voulez devenir mon beau-frère, et rendre ma sœur Sophia bien heureuse, et moi aussi.

— Je ne demanderais sans doute pas mieux, mais.....

— C'est donc une affaire faite. Adieu, mon beau-frère. Je ne pouvais mieux finir ma journée de bonheur que par un mariage plus heureux encore que toute ma journée.

Et le mariage, ainsi arrêté entre les plabords de deux embarcations ennemies, fut célébré, un mois après ces singuliers préliminaires d'hymen, dans l'église de Cherbourg, à l'inexprimable satisfaction des deux époux qu'Atchisson avait fiancés la nuit, en mer, et à l'insu de la jeune et belle future de l'heureux et brave Berthus.

UNE

PROMENADE D'AMATEUR

A BORD D'UN CORSAIRE.

UNE
Promenade d'Amateur à bord d'un Corsaire.

HISTORIETTE MARITIME.

Un tout jeune aspirant de marine, qui naviguait comme moi à bord d'un côtre de l'État, avait pris l'habitude de fréquenter tous les officiers de corsaires avec lesquels notre service de convoyeurs nous mettait à chaque instant en rapport dans les nombreuses relâches que nous étions obligés de chercher sur la côte de Bretagne; et, à force de parler croisières, chasses et parts de prises avec les nouvelles connaissances qu'il faisait en toute occasion, notre camarade Jacques Bernard se trouva, en moins d'une année, tellement au fait de toutes les aventures arrivées aux corsaires passés et présents de la Manche qu'il aurait pu, au besoin, écrire de souvenir l'histoire de chacun des bâtiments de course qui avaient figuré dans nos légendes maritimes depuis la rupture du traité d'Amiens jusqu'en l'année 1812 inclusivement.

Nul homme, dit un ancien proverbe, ne ment ni ne manque à sa vocation. La destinée de notre ami Jacques Bernard était bien évidemment écrite dans le ciel en lettres de feu, ou peut-être bien même en lettres de sang : il devait être un jour corsaire, le malheureux, et il le devint; plus tard il devint même quelque chose de plus, je n'ose dire *de mieux*; et il finit par périr dans un abordage, sur les côtes de Buenos-Ayres, trop satisfait peut-être, en tombant sous les coups d'un sabre ennemi, d'éviter la mort plus funeste que lui réservait la sévérité des lois, que la fatalité de son sort l'avait depuis longtemps conduit à braver.

Mais écartons pour un instant de notre pensée le pénible souvenir de la fin tragique que si loin de sa patrie alla chercher notre ami : nous voulons ici ne nous occuper que des débuts beaucoup moins sombres de sa carrière aventureuse. C'est dans la jeunesse des hommes que l'on a connus et aimés qu'il faut chercher des couleurs fraîches et riantes, pour ne les peindre que tels qu'on aurait toujours voulu les voir.

Un soir d'été, pendant un petit séjour que nous faisions à l'île de Bréhat, modeste et précieux berceau de plusieurs marins célèbres *, notre ami Ber-

---

* Les amiraux Cornic, Le Bozec ; les capitaines de vaisseau ou de frégate Le Bozec, Le Drézennec, Le Guézennec, Legonidec, etc. Tous ces noms, comme on voit, avec leur désinence celte, appartiennent à la même souche. Les in-

nard, apercevant le capitaine Black qui se dirigeait, une longue-vue sous le bras, vers la partie la plus élevée de l'île, aborda familièrement le brave corsaire pour lier, comme d'habitude, conversation avec lui. Black, qui était bien le plus poli et le plus modeste de tous les intrépides loups de mer de sa hasardeuse profession, commandait alors un petit lougre de Calais ou de Boulogne, je crois, mouillé depuis peu dans un des chenals que les gens du pays nomment le Querpont *. La manière toute bienveillante dont le capitaine accueillit les questions fort peu réservées de notre ami engagea celui-ci à pousser l'indiscrétion jusqu'à lui demander ce qu'il s'imaginait pouvoir découvrir au large en allant donner un

---

sulaires de Bréhat ont dû sortir d'une seule et même famille, famille noble et féconde pour la marine française.

* L'île de Bréhat possède deux bons mouillages, l'un sur un chenal qui longe l'île dans l'ouest, et où les navires restent à flot : c'est le Querpont; l'autre, la Corderie, petite crique voisine du Querpont, et où les navires assèchent avec sécurité à mer basse.

coup de lunette du temps qu'il faisait : un lourd et sinistre orage s'élevait en ce moment du côté de la mer, et couvrait déjà de ses gros nuages noirs tout l'arc de l'horizon qui borne à l'ouest le dangereux Raz-de-Bréhat. Le capitaine Black répondit en souriant à la question de notre camarade, qui semblait être déjà devenu le sien, que, comme les pêcheurs, il avait pour principe de chercher rarement du poisson dans les eaux trop claires.

— C'est quand la mer est un peu trouble, ajouta-t-il, toujours en souriant, que moi j'aime à jeter mes lignes le long du bord.

— C'est fort bien sans doute, reprit incontinent l'aspirant Bernard, et je conçois parfaitement que l'on puisse envoyer ses lignes le long du bord pour pêcher dans des eaux troubles; mais je ne m'explique pas aussi bien la raison qui vous fait choisir un temps sombre et orageux pour donner un coup de lunette au large, car pêcher du poisson et donner un coup de longue-vue sont deux choses bien différentes selon moi; et, par le temps qu'il fait, on apercevrait à peine un vaisseau de ligne à la distance d'une lieue seulement dans les eaux du raz, couvertes comme elles le sont par ces masses de nuages et de vapeurs électriques.

— Oh! ce n'est pas non plus un vaisseau de ligne que je cherche à découvrir, répondit Black : c'est quelque chose de moins. Vous voyez que je ne suis pas difficile. Mais, pour peu que vous soyez curieux d'apprendre comment je donne un coup d'œil en mer dans les temps sombres, faites-moi le plaisir, si vous n'avez rien de mieux à faire, de monter avec moi jusqu'au pied de la tour des signaux.

La proposition s'accordait trop bien avec les intentions de l'aspirant de marine pour qu'il ne s'empressât pas de l'accepter par pure forme de politesse; et je dis par pure forme de politesse, car, quand bien même, je crois, l'invitation ne lui eût pas été faite, le drôle, selon toute apparence, n'en aurait pas moins poursuivi le dessein qu'il avait arrêté d'accompagner le capitaine dans sa petite excursion.

Dès que les deux observateurs se trouvèrent rendus au point culminant de leur station le capitaine, tirant à lui le tube de sa longue-vue, offrit à son jeune compagnon l'honneur de promener le premier ses regards au loin, et l'aspirant, après avoir accepté sans trop de cérémonie la préséance explorative, se mit à faire circuler lentement, et avec un sang-froid digne de l'expérience d'un vieil amiral de France, le bout de sa lunette sous la voûte des nues épaisses que l'orage avait amoncelées devant lui. Puis, après cette savante et scrupuleuse inspection atmosphérique et météorologique, il remit l'instrument à Black * en lui disant du ton le plus assuré : — Rien.

---

* Le capitaine Black dont il est ici question est mort dernièrement à Cherbourg, regretté de tous ceux qui ont connu son honorable caractère et qui ont pu apprécier ses belles qualités comme homme de mer.

— Comment rien! répondit vivement le capitaine, qui jusque-là était resté immobile près de l'observateur : vous n'avez donc pas regardé dans le nord-ouest-quart-d'ouest?.

— Pardon, capitaine : j'ai bien regardé dans tous les aires de vent, et je n'ai rien vu nulle part.

— Ah! c'est qu'alors vous n'avez pas vu ce que vous auriez pu voir.

— Et qu'aurais-je donc pu voir, selon vous?

— Eh! parbleu! ce trois-mâts qui vous crève les yeux.

— De quel trois-mâts voulez-vous donc parler, s'il vous plaît?

— Mais il me semble qu'il n'y en a pas deux, que je sache; et je veux parler de celui-là qui est pris de calme, et qui ne sait comment s'orienter avec le flot qui le drosse en plein dans le raz *.

---

* Il est peu de parages sur nos côtes où les courants soient aussi violents que dans le Raz-de-Bréhat.

— Bah ! pas possible !

— Pas possible tant qu'il vous plaira ; mais, en attendant que cela vous paraisse possible, vous allez me voir sauter à bord de mon corsaire et courir à l'aviron sur ce bateau, que je veux amariner avant la nuit pour peu qu'il s'avise, comme je le présume, de hisser un bout de pavillon anglais dès qu'il n'y aura plus moyen de s'en dédire.

— Capitaine Black, s'écria alors Bernard en voyant le capitaine prendre précipitamment le plus court chemin pour retourner à son bord, un mot, un seul mot ! Permettez-moi de m'embarquer avec vous pour assister, comme amateur, à la petite affaire que vous allez peut-être engager avec ce navire que j'ai eu la maladresse de ne pas découvrir à la longue-vue.

— Y pensez-vous donc, mon ami ? Vous, qui appartenez au service de l'État, venir en flâneur vous donner un coup de peigne à bord d'un corsaire, et sans la permission de votre commandant ! Et si, par malheur, j'allais me faire loger, pour le compte de mon armateur, en prison d'Angleterre jusqu'à la paix ?......

—Eh bien, capitaine, j'irais gaiement en prison avec vous, voilà tout. La bonne compagnie m'a toujours séduit.

— Et si, par un malheur plus grand encore, je venais à vous faire casser un bras ou une jambe, ou peut-être bien même bras et jambes dans un abordage, car on en casse quelquefois dans le métier que nous faisons, quels reproches ne serait-on pas en droit de m'adresser !

— Eh bien, ma foi ! l'État, auquel j'appartiens depuis les pieds jusqu'à la tête, aurait beau vous redemander le bras ou la jambe enlevés : où il n'y a plus rien, vous le savez, le roi perd ses droits. Mais, je vous en supplie au nom du ciel qui tonne en ce moment et du temps affreux qui va favoriser votre tentative, accordez-moi l'honneur de faire en mer une petite promenade de trois ou quatre heures seulement sous votre commandement. Jamais de ma vie croyez bien que je n'oublierai le service éminent que vous m'aurez rendu. Je tiens singulièrement à vous prouver que j'ai le bras et le poignet plus sûrs et meilleurs que les yeux.

L'aspirant Bernard pria et repria tant le capitaine Black, qui était si bon, que le corsaire, attendri, finit par accorder à l'homme de l'État suppliant la permission de s'embarquer avec lui, et par-dessus le bord, sur le lougre *l'Arbalète*.

Un appareillage de corsaire est bientôt fait, surtout quand ce corsaire guette sournoisement, dans un port bien caché, le moment favorable de sauter sur la proie que les vents du large ou les courants de la côte lui amènent pour rassasier sa gueule béante ou amuser sa dent agacée.

Le capitaine Black, en arrivant tout essoufflé à son bord, n'eut qu'à dire à ses gens : — Vire à déraper l'ancre et borde les avirons partout! pour qu'on vît à l'instant même le lougre *l'Arbalète* sortir du Querpont à grands coups de rames, et nager à fleur d'eau comme un requin pour contourner les passes de l'île dans la direction du trois-mâts, de ce pauvre trois-mâts qu'avait si mal vu notre collègue Jacques Bernard.

Le départ subit de *l'Arbalète* offrait en ce moment un des spectacles les plus beaux et les plus simples que j'aie vus de ma vie.

Le ciel, qui ne formait plus sur nos têtes qu'une voûte de nuages épais, semblait peser de tout son poids immense sur la mer, que balançait et que gonflait une houle sourde, paresseuse et longue. Pas un souffle de vent ne troublait le calme menaçant de l'air humide et tiède que nous respirions avec effort. Seulement, à de longs intervalles, on voyait à l'horizon, dont le cercle se rétrécissait à mesure que l'orage se rapprochait de nous, on voyait, dis-je, à l'horizon, l'explosion sulfureuse des éclairs embraser soudainement l'atmosphère, et l'on entendait, une seconde après, la foudre éclater au loin sur les flots, qui venaient se cacher et mourir en mugissant dans les rochers caverneux de l'île.

Et sous ce ciel lugubre, et sous ces flots gonflés par l'avortement de la tempête, et dans cet air retentissant qu'ébranlait avec fureur le fracas de la foudre on apercevait, comme un point noir, le corsaire *l'Arbalète* gagnant, au bruit du tonnerre, les bornes de l'horizon en feu, et faisant blanchir sous ses agiles avirons l'onde verte et sombre qu'il divisait, au refrain des joyeuses chansons de guerre de ses indomptables rameurs *.

Pour nous qui, spectateurs inactifs de l'événement qui se préparait, ignorions l'escapade guer-

---

* Les matelots, quand ils ramaient sur les convoyeurs ou les corsaires de la côte de Bretagne, avaient, pour donner ensemble et en cadence leur coup d'aviron, une chanson *de nage* dont je me rappelle encore le refrain :

> Mon père a fait bâtir maison,
> Tire-moi donc sur les avirons ;
> Tire, tire, marinier, tire,
> Tire-moi donc sur les avirons,

rière de notre ami Bernard, nous nous demandions en voyant ainsi sortir *l'Arbalète* : — Pourquoi donc Bernard n'est-il pas ici pour jouir d'un spectacle qui irait si bien à ses goûts belliqueux et à son imagination corsairienne? Mais où diable s'est-il fourré ce Surcouf en herbe? — Je parierais, disait notre commandant, qu'il est niché dans quelque rocher bien inaccessible, la longue-vue braquée sur tout cela, pour voir de plus près le drame en action que le capitaine Black a ménagé à sa curiosité.

Si notre commandant avait su que *l'Arbalète* venait de lui enlever pour toute la soirée monsieur son aspirant de marine !...

La nuit, hélas! l'impitoyable nuit vint trop tôt nous dérober la vue des objets sur lesquels notre impatiente attention s'était concentrée tout entière; mais avant que l'obscurité, que cherchaient à percer nos regards agacés, fût descendue sur les flots, émus pour ainsi dire de nos propres émotions, nous avions vu le corsaire approcher à moins d'un mille le gros trois-mâts, que le courant du raz lui amenait comme une masse inerte, comme une proie déjà frappée de mort, au milieu du calme qui anéantissait ses mouvements. Bientôt quelques lueurs soudaines et rouges se mêlèrent à la lueur plus blanche des éclairs, et quelques détonations plus vives et moins rares que celles de la foudre aux détonations plus imposantes du tonnerre. — C'est le corsaire qui vient d'attaquer le trois-mâts! nous écrions-nous, et le trois-mâts qui riposte au corsaire... Entendez-vous ces coups sourds et redoublés?... voyez-vous ces épars de flamme rougeâtre qui s'échappent au raz de l'horizon? Ce sont des coups de canon, et c'est la lueur des volées qu'échangent les deux navires. Mais la fusillade, on ne l'entend pas encore : le lougre n'a donc pas encore abordé le trois-mâts?... Un grain furieux s'éleva; la pluie tomba par torrents pendant une heure, et l'on n'entendit plus, après l'ondée, ni l'éclat du tonnerre ni le feu des deux bâtiments engagés. Il fallut attendre jusqu'au milieu de la nuit le résultat de l'événement que, dans le doute, nous avions été réduits à arranger au gré de notre imagination, ou à deviner tant bien que mal d'après les conjectures les plus probables.

A minuit nous nous retirâmes à notre bord, la tête pleine de trouble et le cœur surtout rempli d'impatience. — Mais où est donc resté notre ami Jacques? nous demandions-nous en nous jetant tout habillés dans les étroites cabanes qui nous servaient à la fois de siége, de lit et de logement; dans quel trou se sera-t-il fourré pour savourer tout seul le plaisir du spectacle que ne nous a donné qu'à moitié le capitaine Black? Va-t-il donc, ce cher ami, nous en conter de belles à son retour à bord! Vous verrez qu'il aura tout vu, tout entendu, et tout fait peut-être, ni plus ni moins que s'il s'était trouvé présent à l'engagement auquel il n'aura assisté comme nous, bien entendu, que du coin de l'œil. Drôle de garçon que notre ami Jacques Bernard, avec ses idées fixes de courses et d'aventures!... Le vrai don Quichotte *de la Manche*, c'est-à-dire de cette Manche qui s'étend depuis Calais jusqu'à Brest.

Au moment où chacun de nous allait s'endormir à la suite de la conversation, qui commençait à s'éteindre avec la lumière de notre fanal de poste, le timonnier de quart vint nous annoncer que M. Bernard revenait à bord dans le petit canot du côtre, qui avait été le chercher à terre; et presque aussitôt nous entendîmes tomber dans notre poste notre camarade lui-même, tout mouillé, tout déhaillé, et tout palpitant d'émotion sous ses habits trempés d'eau.

— Eh! d'où viens-tu, fait de la sorte, notre ami? m'écriai-je.

— De manger ma part du trois-mâts anglais *la Carolina*, me répondit-il en balbutiant encore de fatigue et de joie.

— Là! quand je vous le disais, s'écria un de nos collègues réveillé en sursaut, qu'il aurait tout vu, tout entendu et tout fait à bord du corsaire du capitaine Black!

— Tout, non, reprit modestement Bernard; mais j'ai au moins sauté le troisième, pour ma part, à bord du *ship* anglais.

— Voyons, pas de plaisanterie. Le capitaine Black a donc enlevé le trois-mâts?

— Eh! sans doute qu'il l'a enlevé, ou plutôt que nous l'avons enlevé, et je dis comme une plume encore! Que c'est beau, mes amis, un combat sur mer! Quatre hommes tués à notre bord et neuf à bord de la prise, qui a voulu nous résister! Notre lougre vient de la rentrer à la remorque dans le haut du Querpont, à trois portées de fusil d'ici... Mais dites-moi donc, les enfants: le commandant n'a pas trop grogné de mon absence, n'est-ce pas, et ne s'est même pas douté de ma fugue passagère à bord de *l'Arbalète?*

Il fallut que pendant un bon quart d'heure au moins l'aspirant Jacques Bernard nous donnât sept à huit fois sa parole d'honneur qu'il avait assisté comme amateur au combat du corsaire pour que nous consentissions à lui accorder la petite part de gloire qu'il s'attribuait dans l'événement dont il nous racontait si positivement tous les plus petits détails. L'arrivée du capitaine Black, venant à deux heures du matin faire son rapport à notre commandant, put seule nous ôter tous les doutes qui nous restaient encore sur la véracité du récit du camarade Bernard.

— Commandant, dit Black en s'adressant à notre capitaine, j'ai enlevé, avec mes trente-quatre hommes et mes quatre mauvais canons, un navire marchand de quarante-cinq hommes d'équipage et de douze caronades de seize. C'est un peu d'argent que nous venons de mettre à terre pour ajouter quelque petite chose à nos économies. Mais j'ai bien besoin que vous me pardonniez une partie de ce succès et de mon bonheur.

— Et comment cela, capitaine Black?

— C'est qu'il faut vous apprendre que je me suis permis de recevoir à mon bord, avant l'action, un de vos jeunes gens, qui a le plus contribué à assurer la réussite de mon abordage.

— M. Jacques Bernard sans doute?

— Lui-même, mon commandant.

— J'aurais dû m'en douter!... mais savez-vous bien qu'il a très-mal fait?

— Il est sauté le troisième ou même le second à bord du navire anglais.

— Il a très-bien fait, et c'est ce qu'il pouvait même faire de mieux après avoir fait si mal; mais comment M. Jacques Bernard a-t-il pu méconnaître ainsi les lois de la plus simple subordination, et s'exposer à se faire casser pour le plaisir de se glisser comme un déserteur à bord d'un corsaire?

— Il voulait, disait-il, voir d'un peu près un petit coup de feu sans conséquence. Sa belle conduite dans l'engagement ne doit-elle pas faire pardonner un peu sa faute passée?

— Et il aura encore été blessé peut-être par-dessus le marché? Il ne manquerait plus que cela à présent pour arranger complétement son affaire!

— Pas une égratignure. C'est déjà leste et dur comme un petit chat-tigre. Commandant, je puis vous assurer que cela fera quelque jour un sujet fort distingué.

— C'est possible, capitaine, mais, en attendant les belles destinées que vous voulez bien lui promettre, il n'en ira pas moins quinze jours à la fosse-aux-lions, pour le bon exemple.

— Mais vous me permettrez bien, j'espère, commandant, pour adoucir la rigueur de cette punition, de lui offrir la part de prise qu'il a gagnée à mon bord par l'effet de la faiblesse que j'ai eue de le recevoir avec nous.

— Vous plaisantez, capitaine! Il ne faudrait plus que cela pour rendre l'impunité plus scandaleuse et l'indiscipline plus triomphante! des parts de prise à un aspirant de marine qui a abandonné son navire pour aller faire l'école buissonnière à bord d'un corsaire !

— Écoutez, mon commandant. La prise que je viens d'amariner a trois superbes embarcations : tous mes gens, prévoyant trop bien la difficulté que nous aurions à faire accepter un décompte en argent sous le pouce à notre jeune compagnon d'armes, ont décidé d'un commun accord que les embarcations du trois-mâts capturé seraient offertes à notre courageux volontaire comme un don corsairien, un souvenir d'amitié, un petit trophée national à notre manière.

— Jamais je ne consentirai à cette transaction. Mon devoir et la sévérité des règles du service militaire s'y opposent également.

— Eh bien, les trois canots seront brûlés, en l'honneur de votre aspirant, sur les tangons de la prise qu'il nous a aidés à peloter.

— Non, monsieur le capitaine... Que M. Jacques Bernard se rende d'abord à la fosse-aux-lions. Voilà tout ce que, pour le moment, je puis faire pour lui.

— A la fosse-aux-lions? Oui, commandant, j'y cours! s'écria l'ami Jacques, qui, collé comme nous sur la claire-voie de la chambre du commandant, n'avait pas perdu un seul mot de l'entretien dont il était devenu l'intéressant objet.

— Oui, monsieur, à la fosse-aux-lions, reprit notre capitaine, et pour un mois, entendez-vous? quinze jours pour l'incartade intolérable dont vous vous êtes rendu coupable, et quinze autres jours pour l'indiscrétion au moins aussi punissable que vous vous êtes permise en écoutant ma conversation avec le capitaine Black, qui s'est montré mille fois trop bon pour un mauvais petit sujet de votre espèce.

L'orage venait de *crever,* comme disent les matelots. Jacques Bernard, après avoir essuyé le grain qui s'était formé au vent à lui, se rendit gaiement aux arrêts, qu'il ne garda que vingt-quatre heures tout au plus, le temps nécessaire pour donner à la colère de notre commandant le temps de s'apaiser. Les embarcations de *la Carolina* lui furent remises solennellement par tout l'équipage du corsaire, et à ce don patriotique le capitaine Black ajouta le cadeau d'une magnifique et riche longue-vue, avec laquelle il engagea notre collègue à regarder quelquefois au large pendant les temps d'orage. Bernard accepta modestement le tout, en priant notre commandant de lui permettre de faire hommage au côtre sur lequel nous naviguions des trois canots que la reconnaissance publique des corsaires lui avait décernés pour récompense de ses services éphémères à bord de *l'Arbalète*.

Pendant cinq à six ans ces trois belles embarcations dotales flottèrent dans les eaux tranquilles du port de Brest. La carrière du donataire ne devait être ni aussi longue ni aussi paisible : dix-huit mois après le baptême de feu que le jeune filleul du capitaine Black avait reçu à bord de *l'Arbalète*, il mourait d'une mort misérable pour être enseveli, avec le nouveau nom sous lequel il s'était caché, dans les mers oublieuses de la Plata.

UN SMOGLEUR ANGLAIS.

Un Smogleur anglais.

Un ouragan m'avait forcé de chercher un refuge à Portland avec un équipage exténué, un navire à moitié plein d'eau et des voiles déchirées par la tempête. A mon arrivée assez brusque sur cette rade de la côte d'Angleterre, je trouvai au mouillage bon nombre de gros bâtiments qui déjà luttaient, avec leurs mâts de hune calés, contre le coup de vent qui venait de m'obliger de relâcher comme tous l'avaient fait d'abord avant moi. Je pris place parmi eux sans pilote, car la mer était trop grosse pour que les Palinures de l'endroit se fussent exposés à venir à ma rencontre; et, après avoir jeté mes trois lourdes ancres sur ce fond étranger, je me mis à faire tête de mon mieux à la lame, et aux sinistres rafales que m'envoyait en foudre la plus violente bourrasque du sud-sud-ouest que j'eusse jamais essuyée.

Avant de parler des hommes que j'ai connus j'aime à décrire les lieux que j'ai visités, et à encadrer ensuite les acteurs de mes petits drames maritimes dans l'espace que je leur ai ainsi préparé pour les faire figurer convenablement sur le lieu de la scène qu'ils doivent animer. Cette manière de conter a sa commodité pour le narrateur, si ce n'est son mérite pour le lecteur. J'oserai même ajouter qu'elle a l'avantage de favoriser l'intelligence du récit et d'être conforme à la méthode la plus rationnelle. Le théâtre d'abord, et les acteurs ensuite. C'est presque une poétique à la manière d'Aristote que je viens d'exposer pour expliquer et justifier mon système.

Je vais dire premièrement un mot de la rade de Portland.

Cette rade, ouverte aux vents de sud et de sud-est, est formée à l'ouest par un gros promontoire que l'on nomme *le Bill-de-Portland*, et à l'est par une ligne de hautes et blanches falaises appelées *le Cap-Saint-Alban*. Au fond de la petite baie qui étend ses eaux assez profondes entre ces deux points proéminents se dessinent, sur un fond de montagnes arides, les jolies maisons rouges de Weymouth, autrefois le Baia ou le Dieppe de l'Angleterre, la ville balnéaire enfin de feu Georges III, et qui, en perdant son royal baigneur, a aussi perdu la splendeur passagère qu'avait fait rejaillir sur elle le caprice d'un monarque.

Weymouth, avec ses bains de mer abandonnés et ses beaux édifices délaissés aujourd'hui par les gens de la cour, est situé à une lieue environ de l'endroit où viennent mouiller les grands navires qui relâchent à Portland.

Deux jours après mon apparition dans le pays, et quand la tempête qui m'avait poussé sur la rade se fut tout à fait calmée, un pilote de l'endroit se hasarda à se rendre à mon bord. La première chose que me demanda cet être secourable, en devinant que je revenais des Antilles, ce fut un verre de rhum. Il en but une bouteille par distraction ou politesse, visita négligemment mes amarres, mes chaînes-câbles, et me déclara, à la suite de sa dégustation et de son inspection, que j'étais parfaitement mouillé et qu'il avait trouvé mon rhum très-raffraîchissant.

Encouragé par l'approbation flatteuse d'un tel connoisseur, je crus pouvoir me permettre de lui demander ce qu'il était et comment il se nommait; et mon homme répondit, avec une courtoisie toute côtière, à ma question complexe, qu'il faisait profession de piloter, d'approvisionner et de sauver les navires à l'occasion, et qu'il se nommait Jupiter-

John Allent, pour me servir en toute circonstance où il me plairait de réclamer le secours de son triple ou quadruple ministère.

Cela dit entre nous, maître John Allent se laissa tomber dans la chaloupe qui l'avait amené et s'en retourna à Weymouth, d'où il était parti deux heures auparavant pour venir me présenter ses hommages. Seulement, avant de me perdre de vue il se retourna plusieurs fois du côté de mon navire, en se tenant debout dans sa chaloupe et en sifflotant entre ses lèvres calmes et raffraîchies un petit air que je crus reconnaître pour une réminiscence mélodique du *Rule Britannia* ou du *God save the king*.

Le lendemain de cette visite de convenance je me décidai à me rendre moi-même à la ville, pour y acheter plusieurs objets de rechange qui m'étaient devenus nécessaires et quelques vivres frais après lesquels soupiraient mes passagers depuis un bon mois de mer. A mon débarquement à Weymouth, un homme officieux s'avança à ma rencontre sur le quai que je venais d'aborder avec mon canot, et cet homme c'était maître John Allent, qui pour moi se trouva aussitôt devenu depuis vingt-quatre heures une vieille connaissance au milieu des autres gens, dont je n'avais jamais vu la figure.

— Capitaine, me dit mon ami de la veille en arrivant à moi, soyez le bien-venu, et que Dieu vous soit en aide sur la vieille terre d'Angleterre ! Et, cela disant, il tendit la main, non pour serrer la mienne, comme vous pourriez peut-être le penser et comme je l'avais d'abord pensé moi-même, mais pour me remettre, avec une certaine démonstration de bras tout à fait pantomimique, un bout de papier délicatement plié en forme de facture. Bien loin de me douter de ce que pouvait contenir cette dépêche, j'ouvris le poulet, et je lus à ma grande surprise les mots suivants :

« Doit le capitaine du trois-mâts français *le Royal-*
« *Louis,* de la Martinique, à Jupiter-John Allent, de
« Weymouth, douze cents guinées, pour avoir sauvé,

« avec la grâce du ciel, ledit navire sur la rade de
« Portland. »

— Etes-vous fou ? m'écriai-je en rendant cette facture étrange à maître Jupiter.

— Non, se contenta de me répondre tranquillement Jupiter-Sauveur; mais je suis en règle. Voici, du reste, ajouta-t-il, le *warrant* que j'ai obtenu par précaution, pour vous faire arrêter dans le cas où il vous plairait de me refuser le payement du *bill* que je viens d'avoir l'honneur de vous présenter.

Je demeurai stupéfait de tant d'impudence et d'audace, et le pilote me quitta en me saluant d'un air contrit et respectueux.

Le petit port de Weymouth est un des points de station, si ce n'est un des quartiers-généraux, de ces grands côtres que la douane anglaise ne se lasse pas de lancer à la poursuite des fraudeurs et des contrebandiers dont les côtes de la Manche sont sans cesse infestées. Ces fins et légers côtres, que l'on ne sait encore bien construire que dans les chantiers d'Angleterre, sont commandés par des officiers de la marine militaire, bien qu'ils appartiennent à l'administration civile du *Customhouse*. Le commandant d'une de ces belles pataches, ayant vu en se promenant sur le quai le pilote John Allent m'aborder avec de grandes marques de civilité, et ayant prévu sans doute les mauvaises intentions que pouvait cacher l'enveloppe d'hypocrisie d'un pareil garnement, s'approcha de moi pour me demander, en fort bon langage français, le motif de l'embarras qu'il lui semblait avoir remarqué sur ma physionomie et dans mon attitude.

En deux ou trois mots j'eus bientôt expliqué au capitaine Dymond le sujet de mon entrevue avec le pilote John et la cause assez naturelle de mon étonnement.

— Vous avez affaire, et il est bon que vous le sachiez, me dit alors le capitaine, au plus dévot et au plus fripon des *honnêtes gens* du pays ; mais, comme chez nous les coquins commencent presque toujours par avoir raison, je vous conseille de retourner à votre bord pour y attendre, avec plus de sécurité que vous ne pourriez le faire ici, les suites d'un procès qui ne pourra tourner qu'à la confusion du misérable qui a osé vous l'intenter contre toute apparence de droit et de justice. Dans quelques jours, au reste, les assises de Dorchester vont s'ouvrir, et en vous laissant assigner devant le jury par ce drôle vous pourrez, à l'aide d'un *contre-warrant,* vous rendre au chef-lieu pour plaider votre cause et la gagner d'emblée.

— Comment ! m'écriai-je en interrompant le capitaine, est-ce que ce malheureux aurait le droit de me faire provisoirement arrêter, parce qu'il lui a plu de vouloir m'arracher de la poche un argent qui ne lui est pas dû ?

— Ah ! mon Dieu ! oui, mon pauvre monsieur. Votre qualité de débiteur étranger vous exposerait ici au petit désagrément de payer ainsi votre bien-venue. Mais, grâce au ciel, tout le monde n'est pas taillé à

Weymouth sur le gabarit de monsieur Jupiter-John; et, pour ma part, veuillez bien croire que, si vous paraissez bientôt devant les juges de Dorchester, je me ferai un plaisir et un devoir de vous assister de mon mieux en rendant hommage à la vérité, contre la fraude et la rapacité, pour peu que vous vouliez bien toutefois m'agréer pour votre conseil.

—Ah! de grand cœur! monsieur; car vous m'offrez votre assistance de si bonne grâce et dans une situation si étrange pour moi que...

— En attendant que l'occasion de vous prouver mieux encore mon désir de vous être utile se présente, croyez-moi, ajouta le capitaine, regagnez prudemment votre navire; c'est, selon moi, ce que vous avez de plus pressé à faire pour le moment. Si vous avez quelques provisions à prendre à terre, donnez-m'en la note : vous les recevrez avant la nuit dans une de mes embarcations; mais, je vous le répète, éloignez-vous le plus tôt possible... car tenez: je vois déjà revenir vers nous l'estimable John, en compagnie de quelqu'un qui me semble furieusement avoir l'encolure d'un constable.

J'acceptai l'offre et je suivis aussitôt le conseil du capitaine. En une heure de coups d'avirons je retraversai avec mon canot la rade de Portland pour regagner mon navire, comme le terrain inviolable sur lequel je pourrais défier la scélératesse de maître John, en maudissant tout à mon aise la singularité des anciennes lois anglaises sur la liberté individuelle des débiteurs étrangers.

Trois jours se passèrent sans que j'entendisse parler de mon infâme intenteur de procès; mais enfin, au bout de ce temps de reclusion forcée, je reçus une belle et bonne assignation pour paraître devant les assises de Dorchester et m'entendre condamner, sous peine de confiscation de mon navire, à payer à mon demandeur la somme de 1200 guinées.

Je retournai de suite à terre. Le capitaine Dymond, fidèle à sa promesse, partit le jour même avec moi de Weymouth pour Dorchester. Il m'avait proposé, comme je l'ai déjà dit, de me servir de conseil; et, quoique le trajet que nous eussions à faire ensemble fût très-court, en arrivant à Dorchester il était déjà devenu mon ami, tant les choses vont vite, dans les circonstances pressantes, entre gens qui sont faits pour se deviner ou pour s'entendre dans tous les pays du monde où il y a encore de l'hospitalité et de la loyauté.

Je comparus donc, pour la première fois de ma vie, devant un tribunal étranger, et en qualité de prévenu et d'accusé alors que j'aurais dû n'y figurer que comme accusateur du pirate, qui prétendait me piller avec la plus scandaleuse impunité. Le président du jury m'invita, en acceptant le capitaine Dymond pour interprète, à expliquer le motif qui pouvait m'engager à refuser au pilote John le salaire qu'il réclamait pour le service éminent que j'avais reçu de lui. Comme je n'avais aucun intérêt à cacher la vérité, et que la vérité, qu'il m'importait au contraire de faire connaître au jury, ne pouvait que gagner à être exposée franchement et brièvement, je racontai, au courant de ma langue, les faits qui m'avaient amené devant la justice anglaise. Ce plaidoyer tout court, tout uni, qui n'était autre chose que la reproduction naïve et fidèle d'un événement très-ordinaire, parut produire beaucoup plus d'impression sur mes juges que ne l'avait fait, quelques minutes auparavant, l'accusation boursoufflée de l'avocat de maître John. La bienveillance que mon ton de conviction sembla avoir excitée en ma faveur chez le président alla même si loin que ce magistrat voulut bien me demander comment le demandeur s'y était pris pour sauver mon navire du naufrage, et arracher l'équipage à une mort presque certaine.

Cette question, dont je devinai l'intention délicate, me mettait à même d'entrer dans quelques petits détails favorables à ma défense; et, pour profiter de suite du beau jeu que me faisait le président, je racontai encore comment maître Jupiter-John Allent avait sauvé mon bâtiment, après avoir bu d'une seule lampée toute une bouteille de rhum Martinique. Le flegme de la justice britannique ne tint pas contre cette saillie, que j'avais eu soin de détacher à bout portant à ma partie adverse avec le plus grand sérieux du monde : tous mes juges se prirent à rire ; et la pauvre partie adverse se mit, en baissant les yeux, à faire sur sa poitrine quelque chose qui ressemblait à un signe de croix.

Les Minos de cour royale en France se piquent assez généralement de juger bien toutes les causes maritimes sans invoquer, pour éclairer leur conscience, le secours des lumières qu'ils pourraient trouver dans une expertise spéciale ; mais en Angleterre, quelque maritimes que soient les habitudes de la nation, les jurés sont bien loin, par bonheur, de prétendre à l'universalité et à l'infaillibilité des juges français. Le président des assises de Dorchester, une fois les deux parties ouïes, invita, comme conseil, le capitaine Dymond à dire ce qu'il savait et ce qu'il pensait des faits de la cause que le tribunal avait à juger; et c'est alors que je pus m'applaudir plus que jamais d'avoir accepté l'assistance que m'avait offerte de si bonne grâce le brave capitaine. Jupiter-John, écrasé, enseveli sous la masse des arguments que le commandant faisait pleuvoir sur lui avec la force de logique nautique la plus impitoyable, ne trouva d'autre moyen d'arrêter cette avalanche d'arguments accablants qu'en s'écriant que, sous le rapport de la marine, il ne connaissait personne qui fût en état de lui montrer quelque chose.

— Pardonnez-moi, grand Jupiter, répliqua à l'imprudent interrupteur l'éloquent officier : il y a quelque chose que vous n'avez pas encore vu en marine, et que je serais bien aise de pouvoir vous montrer de près si nous nous rencontrions tous deux sur le pont d'un navire du roi.

— Et qu'est-ce donc que ce quelque chose? demanda Jupiter avec le ton de la plus jésuitique ironie.

— Le revers de ma main droite, maître Jupiter!

s'écria à son tour Dymond d'une voix à faire trembler tout l'auditoire.

Ce mot, dont le président crut devoir blâmer la vivacité, fut le dernier de la cause et le coup de griffe du lion.

Les juges se retirèrent alors pour délibérer ; et, à la suite d'un petit quart d'heure de séance à huis-clos, le président reparut pour dire, le chapeau bas et la main sur le cœur, que le jury me condamnait à payer au pilote Jupiter la somme de douze shellings.

Douze shellings au lieu de douze cents guinées!

Et Jupiter ne se pendit pas!

Neuf jours de relâche à Portland m'ayant donné le temps nécessaire pour réparer les petites avaries de mon navire et pour refaire presque à neuf mon équipage, un peu avarié lui-même, je quittai l'Angleterre et ses processives relâches, pour cingler en droiture vers le Havre, non sans bénir, comme bien vous pensez, le capitaine Dymond, et non sans maudire plutôt mille fois qu'une le pilote John, qui de son côté sans doute m'avait plus d'une fois anathématisé dans ses hypocrites prières. John, comme vous le savez, cumulait, sous des dehors admirablement évangéliques, la bigoterie et la friponnerie, les deux choses les mieux faites pour aller ensemble au même but.

Cinq ou six mois après avoir oublié la rade de Portland et tout Weymouth par-dessus le marché, excepté cependant le bon capitaine Dymond, je m'en revenais de la Martinique en Europe. Le second soir de mon entrée en Manche, les vents de sud m'ayant poussé un peu vers la côte d'Angleterre, j'avais pris connaissance, bien au large et dans le nord-est, des deux beaux feux qui brillent à une si grande distance sur les crêtes imposantes du Bill-de-Portland. La nuit était douce, le temps maniable; et, à l'aspect de ces phares lointains qui me rappelaient, comme un souvenir encore plus éloigné et plus confus qu'eux, mes tribulations de Weymouth, je priai le ciel de m'accorder la grâce de me faire plutôt périr avec mon navire que de me forcer jamais de relâcher sur le rivage inhospitalier dont Jupiter-John Allent avait su faire pour moi une autre Tauride. Comme la fatigue de quelques vingt-quatre heures passées sur le gaillard d'arrière avait fini par me gagner, je jugeai bientôt convenable, après m'être arraché à la contemplation méditative des feux de Portland, d'aller prendre quelques heures de repos pendant que le temps était assez beau et la nuit assez claire pour rendre inutile ma présence sur le pont. Ma chambre d'ailleurs était à deux pas de l'habitacle près duquel veillait l'officier de quart. Un mot, dit à bord plus haut que de coutume, suffisait pour m'arracher au somme le plus profond; car c'est ainsi que se reposent les marins : un œil fermé, l'autre au guet, et la moitié de chaque sens faisant enfin le quart pendant que l'autre moitié dort. C'est l'habitude plus encore que la règle. Bref, je me jetai tout habillé et presque tout endormi sur mon lit, et je sommeillai.

Mais ce repos réparateur que j'allais chercher à si peu de frais ne devait pas être pour moi de longue durée. A peine avais-je posé ma tête accablée sur le dur oreiller de ma cabane que l'officier de quart vint me prévenir qu'un petit sloop, qui paraissait être un bateau-pilote, se tenait obstinément depuis près d'un quart d'heure dans les eaux du navire, sans qu'on pût deviner ce qu'il demandait ou ce qu'il voulait faire.

Je sautai en double sur le pont, et, les yeux encore tout ennuagés de l'engourdissement de mon somme, je cherchai à voir dans l'obscurité la barque importune qui venait ainsi troubler les moments de délassement que je m'étais si bien disposé à goûter.

— Que voulez-vous? criai-je d'assez mauvaise humeur au petit sloop, après l'avoir aperçu voltigeant comme une mauve sur le clapotis des vagues rembrunies, à dix brasses de la hanche de tribord de mon lourd bâtiment.

— Une seule parole, capitaine, me répondit en anglais le patron de la barque.

— Eh! pourquoi encore cette seule parole ? lui hélai-je.

— Vous allez le savoir, reprit-il, pour peu que vous vouliez me permettre de vous accoster par le bord du vent.

Et, sans attendre la permission qu'il venait de me demander, voilà le petit sloop qui, d'un coup de barre donné sous le vent, m'aborde sans plus de façon par mon côté de tribord, en laissant l'extrémité de son seul mât se jouer avec le roulis entre les bouts largement espacés de mes deux grandes basses vergues.

En moins d'une seconde le patron du *boat* se trouva, d'une seule enjambée, lancé des frêles bastingages de son navire sur le pont du mien.

— Avez-vous besoin d'un pilote anglais ? me dit alors mon visiteur nocturne.

— Non pas, Dieu merci! lui répondis-je.

— Eh bien, moi, reprit-il aussitôt, j'avais bien besoin, je vous assure, d'un navire de votre nation.

— Eh! pourquoi cela, si ce navire ne veut pas de vous?

— Pour mettre à son bord, pendant deux minutes seulement, ces quatre ballots de marchandises, que je vous prie au nom du ciel d'accepter, et que je viendrai reprendre de suite en vous payant, pour votre complaisance et ce service, ce que vous jugerez convenable.

— Ah! vous êtes donc, mon bon ami, un smogleur chassé d'un peu trop près, à ce qu'il paraît, par les côtres de la douane?

— Dites plutôt par le démon ou le *Dymond*, mon capitaine. Mais voici mes quatre petits ballots, et je file pour deux minutes, le temps juste de me laisser visiter; car je n'ai pas un instant à perdre pour le moment.

A ces mots amphibologiques de *démon ou Dymond*, prononcés avec une certaine intention, je regardai plus attentivement que je ne l'avais fait encore le smogleur goguenard, et, à la lueur de mon habitacle, qui vacillait, au roulis du navire, sur sa pâle figure, je reconnus... vous l'avez déjà deviné : je reconnus mon perfide, mon traître John Allent, celui-là même qui m'avait si bien piloté de Weymouth aux assises de Dorchester.

Interdit de surprise et de joie à l'aspect du drôle que le hasard ou la Providence venait de mettre en ma puissance, je ne pus retrouver la parole que pour lui crier au nez, en lui jetant comme un grappin ma main au collet :

— Eh bien! gueux de Jupiter, me connais-tu maintenant?

— Capitaine, répondit le coquin ainsi pris à l'abordage, je ne crois pas trop avoir l'honneur...

— Ah! tu ne crois pas trop avoir l'honneur, m'écriai-je...... Attends, je vais te raffraîchir la mémoire et les épaules!

Mais, avant que je ne pusse assurer mon droit de capture sur le drôle, il s'était coulé avec la vélocité d'une anguille entre mes doigts pour aller se glisser dans le fond de son bateau, non cependant sans avoir reçu sur ses vertèbres, le reptile, quelques chocs extérieurs qui avaient dû favoriser singulièrement le trajet qu'il avait à faire pour passer de mon bord sur le sien.

Cela fait, le sloop de Jupiter, plus rapide et plus léger encore que son agile patron, échappa à l'explosion de ma colère en disparaissant avec la brise dans l'obscurité, et en secouant ses ailes comme un oiseau qu'a sanglé la cendrine d'un inutile coup de fusil.

Pendant quelques minutes, après cette fuite soudaine, il ne fut question entre mes deux officiers et oi que de la bizarrerie de la rencontre que nous venions de faire et du parti que nous aurions pu tirer d'une aussi bonne fortune. Mon second surtout me reprochait comme un tort irréparable, et en la regrettant lui-même pour sa part, l'occasion qu'il avait manquée de prouver à maître John l'estime inviolable que sa conduite lui avait depuis longtemps inspirée. Mon pauvre second, en pensant à ce qu'il aurait dû faire et à ce qu'il n'avait pas fait, en avait presque des remords. Mais, au moment où il se lamentait le plus amèrement sur ce qu'il lui plaisait de nommer son *excès de bonté*, il aperçut, en jetant des regards de dépit sur la partie de l'horizon où il avait vu disparaître maître John, le petit sloop de ce bienheureux fugitif qui semblait gouverner de nouveau sur nous pour nous accoster une seconde fois.

Trompé comme moi-même et comme tous les autres hommes du bord par cette réapparition inattendue, le second s'écria avec l'accent de la plus complète satisfaction :

— Voyez-vous, capitaine? c'est le ciel qui nous le renvoie pour qu'il vienne chercher le reste de la volée que la Providence ne veut pas lui laisser emporter en paradis!

— C'est, ma foi, vrai! répondis-je; et cette fois, je vous jure, la volonté si visible du ciel sera faite, et rudement encore! je vous le promets.

— A la bonne heure au moins! voilà ce qui s'appelle savoir la musique. Vous ferez le premier dessus sur le dos du gredin, et moi le second dessous; mais attention à marquer ferme et longtemps la mesure!

— C'est convenu. Mais, en attendant, voyons ce que peut nous vouloir encore maître Jupiter.

Le petit sloop sur lequel nous avions tous tourné nos regards arrivait rondement dans nos eaux, faisant rejaillir et clapoter sur son avant la blanche écume des vagues noires qu'il fendait, incliné sur son côté de babord. Mais, à mesure qu'en nous gagnant de vitesse il se rapprochait de notre arrière, il nous paraissait avoir acquis, depuis l'instant où nous l'avions perdu de vue, des formes bien plus majestueuses que celles sous lesquelles il s'était d'abord montré à nous. Bientôt il ne nous fut plus possible de douter de l'erreur que nous avions faite en prenant pour le smogleur de Jupiter le navire qui s'avançait ainsi : ce dernier bâtiment était bien évidemment un grand côtre; et les premiers mots qu'il nous adressa nous apprirent d'une manière plus certaine encore combien nous nous étions abusés en le prenant pour la petite barque du contrebandier.

— *Ship ohé!* me cria le capitaine du nouveau venu dès qu'il se trouva rendu à petite portée de voix de mon navire.

— Hola? lui répondis-je aussitôt.

— *Where are you bound to?*

— Nous allons au Havre, répliquai-je en français.

— Au Havre? reprit vivement en français le capitaine anglais... Puis, se ravisant presque aussitôt, il me demanda, le beaupré presque sur ma hanche de babord :

— Est-ce que par hasard vous ne seriez pas le navire *le Royal-Louis?*

— Lui-même, répondis-je ; et, reconnaissant à mon tour le son de voix de mon interrogateur, j'ajoutai : — Et ne seriez-vous pas vous-même le capitaine Dymond?

— Eh! parbleu! oui, mon cher ami!... Eh! comment cela va-t-il? La singulière rencontre, n'est-ce pas? la nuit et à moitié Manche! Quel dommage que nous ne puissions pas nous donner une bonne poignée de main!

— Eh! qui nous en empêche? La mer n'est-elle pas assez belle pour que nous mettions en double un canot à l'eau?

— Je l'aurais déjà fait, me dit Dymond, mais figurez-vous que je donne la chasse à un coquin sur lequel je veux mettre la griffe avant le jour... Mais, à propos de ce coquin, dites-moi : n'auriez-vous pas eu connaissance d'un sloop que je poursuis dans les ténèbres depuis deux heures, et qui deux fois déjà m'a glissé dans la patte ?

— Du sloop de Jupiter-John, peut-être ?

— Et d'où savez-vous que c'est Jupiter à qui j'appuie la chasse ?

— Il vient de m'accoster par hasard, et de me quitter comme s'il avait rencontré le diable.

— Pas possible ! Et vous êtes bien sûr que ce soit ce gueux-là ?

— Comme de mon existence : je lui ai parlé de plus près encore que je ne vous parle.

— Oh ! c'est en vérité par trop de hasard ou de bonheur ! Vous l'avez sans doute assommé ?

— Pas précisément.

— Et où a-t-il gouverné en vous quittant ?

— Dans le nord-ouest juste, depuis un quart d'heure tout au plus.

— Que Dieu soit loué ! Je ne vais pas tarder à lui faire son affaire et à faire en même temps la vôtre.

Adieu, mon ami, portez-vous bien ; ne m'oubliez pas, et bénissez le ciel en vous rappelant toujours les assises de Dorchester.

A peine eus-je le temps d'adresser de mon côté mes adieux au capitaine Dymond : le côtre, en déployant son flèche-en-queue au-dessus de son pic et en hissant sur sa vergue transversale sa large voile de fortune, laissa porter plein le cap au nord-ouest, et l'ombre de sa haute et légère voilure s'effaça bientôt dans l'obscurité de la nuit, qui se confondait au large avec la mobile obscurité des vagues.

Ce ne fut qu'une heure environ après la subite disparition du côtre que nous entendîmes, dans la direction du nord-ouest, pétiller au-dessus des lames quatre à cinq coups de fusil. Le bruit de cette pétarade, en frappant nos oreilles attentives à intervalles égaux, venait de nous annoncer la rencontre du côtre avec Jupiter-Smogleur.

Et ce fut ainsi que John me paya, au bout de six

mois, le capital et l'intérêt des douze schellings qu'il m'avait escroqués si juridiquement à Dorchester.

LE
PIRATE SANS LE SAVOIR.

Le Pirate sans le savoir.

HISTORIETTE MARITIME.

— Bonjour, capitaine ; comment ça vous va-t-il ? me cria un jour un de mes anciens matelots, accoudé intérieurement sur la demi-porte d'un cabaret de Boulogne.

— Bien, et toi, mon garçon ? répondis-je aussitôt en tournant la tête du côté d'où était parti ce son de voix, que je venais de reconnaître. Et que fais-tu donc ainsi et ici depuis que nous ne nous sommes vus?

— Mais, ma foi! mon capitaine, reprit le joyeux compère en se redressant sur ses jarrets et en écartant de ses lèvres le bout de la pipe qu'il tenait à la main, je prends actuellement un peu de bon temps, à la grâce de Dieu, dans les parages où vous me voyez mouillé.

— Oui, mouillé dans ce cabaret, n'est-ce pas, et affourché comme à l'ordinaire sur tes deux ancres de bossoir?

— Oh! vous pouvez bien dire sans vous gêner mouillé à demeure sur mes quatre amarres, attendu que toute la boutique où vous me trouvez en station m'appartient en total, coque et gréement, ustensiles et apparaux.

— Quoi! tu serais le propriétaire de cette maison? Tu t'es donc marié avec ton hôtesse?

— Non pas, mais avec la maison sans hôtesse.

— Et comment cela?

— Oh! ce serait un peu trop long à vous réciter tout le *comment cela*; mais, pour vous prouver que je ne veux pas vous mettre dedans comme autrefois en vous disant ce que je vous ai dit, lisez un peu, vous qui avez le don de la lecture, ce que j'ai fait espalmer en lettres moulées sur les pavois de ma cassine.

Je lus alors, à l'invitation du propriétaire, l'enseigne qui décorait la devanture de sa demeure : cette enseigne portait, au-dessous d'un petit navire peint à la voile, les mots suivants, tracés en gros caractères rouge-brique sur un fond vert-pomme :

PETER  LABBÉ.

ENGLISH TAVERN.
GOOD WINE AND BRANDY.

— Et pourquoi, demandai-je à M. Labbé après

avoir jeté les yeux sur sa bachique inscription, as-tu fait écrire l'enseigne de ton cabaret en anglais, toi à qui je n'ai jamais entendu parler que ta langue naturelle ?

— Pourquoi ? Pour la frime et pour enganter des pratiques. Ceci a besoin de vous être confié afin que vous n'en ignoriez pas. Dans la ville de Boulogne vous n'êtes pas sans savoir, malgré votre jeunesse, qu'il y a depuis longtemps autant d'Anglais que de Français. Or, comme les Anglais sont plus susceptibles sur la partie du brandy en général que les natifs de l'endroit, je me suis dit qu'il valait mieux me faire taper une enseigne à la portée des Anglais, qui savent presque tous lire l'écriture moulée, qu'à la portée des Français, qui ne se donnent pas la peine ou qui n'ont pas toujours les moyens de savoir ce qu'on affiche pour eux sur les murs de la ville et autre part. Ce petit coup d'espingole à mitraille que je me suis permis de tirer sur la langue anglaise, tout ignorant que je puis être de c'te langue, a porté en plein bois à bord des Anglais ; car, depuis un an que je me trouve amarré à demeure dans le pays, je leur ai fait passer et repasser dans le gosier plus de quinze à seize bonnes barriques de Cognac soi-disant. La pratique donne finalement dans mon débit, tout comme le hareng sur la côte dans la saison du frai.

— Et par quel moyen es-tu parvenu, toi que j'ai toujours connu si prodigue de ton argent, à monter ainsi le petit commerce à la tête duquel tu te trouves aujourd'hui ?

— Pour ce qui est de ce que vous me demandez là, c'est un roman, qui ne signifie pas que je suis devenu ménager de mon argent plus qu'autrefois, mais qui signifie que l'argent m'est tombé à bord plus rondement encore que je n'aurais pu le dissiper.

— Tu as donc fait un héritage inattendu ou gagné un bon numéro à la loterie ?

— A la loterie, oui; et à une fameuse loterie encore ! et qui n'était pas celle du gouvernement, allez, puisque j'y ai gagné le gros lot sans protection. Mais, si vous désirez en savoir plus long par intérêt pour moi, vous n'avez, mon capitaine, qu'à me faire simplement l'honneur de passer dans la turne, et en trois mots je vous aurai expliqué ma manœuvre... Sherry, avance un escabeau au capitaine, donne deux verres propres sur la table, et va me tirer à la bonne barrique en question une moke de.... tu sais bien quoi. Sherry, voyez-vous ? me dit Labbé après avoir donné cet ordre à une espèce de petit mousse qui semblait attaché au personnel de l'établissement, Sherry c'est le nom postiche de mon *boy*; car tout ici est installé à l'anglaise dans le service du bord, excepté moi, qui ne sais parler parfaitement que le français. Mais, capitaine, ajouta-t-il, faites-moi premièrement le plaisir de vous asseoir et de prendre la moindre des choses en ma compagnie.

Dès que je me fus assis, et que mon vis-à-vis eut vidé son petit verre en me saluant, le propriétaire Labbé fit signe du coin de l'œil à son premier garçon de s'éloigner à distance respectueuse. Le *boy* Sherry ne se fit pas répéter deux fois cette injonction muette, à laquelle sans doute il était depuis longtemps habitué à obéir : il nous laissa seuls pour aller s'établir en faction à la porte, afin probablement de nous préserver des importuns qui pourraient venir interrompre l'entretien que le maître du logis paraissait bien aise d'avoir avec moi. Ces dispositions préliminaires prises, mon ancien matelot commença ainsi le récit de ses aventures.

— Il est bon de vous dire qu'une fois que je vous eus quitté à Nantes, au désarmement du navire, je m'embarquai, après avoir tordu le cou, comme de raison, à mon décompte, à bord d'un failli petit brick en partance pour la Vera-Cruz. Après avoir de même tordu le cou à mes avances je me rendis à mon devoir, et nous appareillâmes pour notre destination. A la Vera-Cruz étant, je laissai repartir pour Nantes le brick qui m'avait apporté dans ce pays de malheur; car *la Vera-Cruz*, vous saurez, veut dire en espagnol : La vraie croix, et c'est bien une *vraie croix*, et de longueur encore, que je devais traîner dans l'endroit. La tête du matelot est volage, et le changement, qu'il chérit, ne lui donne pas toujours la paire de souliers qu'il use à charroyer sa vie d'un bord et de l'autre de l'hémisphère.

Au bout de deux ou trois semaines, plus ou moins, de bourlingage dans les rues de la colonie, il me fallut orienter de manière à doubler le cap misère et à laisser arriver en plein sur la ration de biscuit, qui nourrit l'homme tous les jours de sa vie une fois qu'il a mis le pied à bord. Des particuliers de la place armaient une grande goëlette pour le compte du gouvernement, avec huit bouches à feu et une couleuvrine à pivot, afin de faire la course sur les Espagnols. J'allai demander au capitaine Philipps, qui devait commander le bateau, à me prendre avec lui. Il me prit, le criminel; et le premier soir de notre appareillage ce coquin de Philipps, parlant par respect, m'élongea, à propos de rien, une rouffle d'aplomb sur le dos, pour commencer ma campagne, et en me disant qu'il venait de me naturaliser Mexicain. Or, il est bon de vous observer que le gueux n'avait seulement pas voulu me payer une gourde sur les avances dont il m'avait flatté. A ce compte-là, comme vous voyez déjà, il était plus aisé de se faire casser les reins à bord du Mexicain que de se garnir la ceinture de doublons en faisant la course sur l'Espagnol.

Quand on part d'un endroit quelconque on sait toujours mieux d'où l'on vient qu'où l'on ira. A la suite de vingt-cinq jours de mer, voilà que nous nous rencontrons barbe à barbe avec une grosse *hourque* anglaise qui allait porter du fret et des passagers à la Havane. Philipps, toujours obstiné sur le gain, fait visiter le navire et fouiller les passagers, croyant trouver quelque chose à gratter de ce côté-là. On amène à notre bord un gros négociant et son fils, qui passaient pour avoir des onces d'or dans le fond de leur sac, et qui étaient portés sur le manifeste à titre d'Espagnols. Ce sont des ennemis de notre gouvernement, dit Philipps : il faut leur faire cracher ce qu'ils ont de dissimulé dans le ventre..... Labbé, accoste ici, bon à rien, qu'il me commanda, et croche-moi ces particuliers au bout de la grand'vergue, si tu n'es pas trop cagne pour savoir leur faire un laguis * sur le dormant du cou.

Jamais, vous le savez bien, capitaine, mieux que qui que ce soit, je n'ai été élevé pour être féroce à mon semblable. Le gros Espagnol, qui pleurait en assurant qu'il n'avait pas ce qui s'appelle un sou de caché sur lui, et son petit jeune homme, qui criait qu'on allait faire mal à monsieur son père, me fendaient l'âme en deux, et je n'avais pas plus de courage à les pendre qu'ils n'avaient eux-mêmes de goût à être pendus; mais l'ordre était là et moi aussi: J'al-

---

* Les marins appellent *laguis* une espèce de nœud qui ressemble à ce que l'on nomme à terre un *nœud coulant*.

lais, selon l'ordonnance, les élinguer par la nuque, chacun au bout d'un cartahu, lorsqu'il me vint à l'idée de leur faire en dehors du gosier un nœud plat à demeure, au lieu d'un laguis pour les étrangler ainsi qu'il me l'avait été commandé par ce scélérat de Philipps. Ce coup de finesse sauva la vie à mes deux pendus ; et je fus d'autant plus content de mon instinct qu'en dégréant le petit jeune homme de son gilet rond, pour le rendre plus leste à se laisser hisser au bout de vergue, j'eus le hasard de découvrir, sauf votre respect, que ce petit jeune homme était une fille malgré l'habillement, qui annonçait pour l'instant autre chose que du sexe.

— Une fille, dis-tu ?

— Immanquablement, tel que je viens de vous le réciter ; et je m'y connais assez pour vous le certifier en tout bien tout honneur. Monsieur son père l'avait fait mettre en homme, comme vous et moi, pour la commodité du voyage ; et on peut dire qu'il n'avait pas eu mauvais nez en prenant cette précaution. Vous allez voir comment toute la suite se passa.

Ne trouvant ni argent ni plomb à ramoner à bord de l'Anglais, nos gens à nous attrapèrent à soutirer le rhum, le rack et les provisions qu'il avait dans la cale. Chacun, comme de juste et de raison à bord des corsaires, tapa le plus dur qu'il put, excepté moi, sur le liquide qu'il avait à discrétion et sous sa main ; si bien qu'avant la nuit tombante tout notre monde, outrepassé de boisson, le capitaine en tête, s'endormit à bord de nous, pire, s'il est possible, que des bienheureux dans l'Élisée céleste, arrimés les uns sur les autres.

Pour moi à qui, Dieu merci, le rhum volé n'a jamais été rien, je pensai, étant à jeun comme l'enfant qui vient de naître, aux deux malheureux que j'avais eu la subordination d'amarrer au bout de la grand'vergue. Si je réussis, que je me dis, à les décrocher vivants du poste où je les ai mis en vigie, leur affaire peut être encore bonne. Et, sans plus de raisons, me v'là à les affaler sur le pont en parfait état d'existence. Tous les deux, se voyant dépendus, veulent me sauter au cou pour m'embrasser de ne les avoir pas étranglés. — Mais ce n'est pas ça qui presse pour l'instant, leur dis-je : il y a le long du bord un canot à la traîne que nos soulards ont oublié de hisser sur ses palans : embarquez-vous souplement avec moi dans ce canot, et coupons ensuite la bosse.

Ce qui avait été conclu fut fait. Notre embarcation, démarrée du corsaire, alla conséquemment en dérive à la grâce de Dieu. Ceci n'était pas gai, mais, tout pas gai que c'était, il valait encore mieux se laisser aller en dérive à la grâce que de risquer à tomber entre les mains des vilains chrétiens que nous avions laissés perdus et abrutis de boisson sur le pont de la goëlette à Philipps.

Le ciel, comme on dit, est quelquefois juste pour l'homme malheureux, la femme comprise. Au jour, nous avions perdu le navire de vue; et, à dix heures ou dix heures et demie du matin, un brick-goëlette américain, qui faisait voile pour San-Yago-de-Cuba, nous apercevant babord à lui, laissa arriver sur nous pour nous porter secours, ce qui ne fut pas de refus.

Si j'avais la langue aussi bien aiguilletée dans la bouche que le cœur dans mon estomac, je vous dirais, mon capitaine, les embrassades que le gros Espagnol et sa charmante demoiselle m'envoyèrent sur la figure une fois qu'ils se virent sauvés par moi à bord de l'Américain. C'est un si parfait honnête homme que ce gros Espagnol! sans compter sa demoiselle.

— Sa fille était belle?

— Une véritable Vénus sur terre pour la douceur et l'amabilité. Mais à l'époque du sauvetage ils n'étaient pas riches ces braves gens. En les quittant à San-Yago pour revenir en France, ils voulurent se dégréer de tout ce qu'ils avaient pour me remettre à flot avant mon départ; mais vous pensez bien que votre très-humble serviteur partit à lège comme il était venu avec eux, sans vouloir accepter autre chose que leurs très-sincères compliments et leurs très-humbles respects.

— C'est bien, Labbé ! Ce que tu viens de m'apprendre là me fait le plus vif plaisir.

— Pardieu ! je crois bien que ça doit vous faire plaisir ! et à moi aussi peut-être ! Mais ce n'est pas tout cependant. Prêtez-moi encore un moment d'attention si ça ne vous gêne pas trop. Il y a quinze à dix-huit mois qu'après avoir bourlingué sur mer en long et en travers depuis l'événement susdit, je me trouvais un jour à Boulogne à voir les passagers débarquer, avec leurs figures chavirées, d'à bord d'une vapeur anglaise. Un gros *How-do-you-do*, que je n'avais seulement pas regardé dans le nombre, s'en vient à moi en me demandant d'autorité :

— Mon garçon, ne vous nommeriez-vous pas Peter Labbé ?

— Possible, je réponds sur le quart d'heure ; et,

dans le cas où cela serait, qu'y aurait-il pour votre service ?

— Eh quoi! se met-il à dire, vous ne reconnaissez donc pas celui à qui vous avez conservé la vie, et la jeune personne que vous avez sauvée du déshonneur?

— Ah! c'est vous, monsieur Serena, et votre aimable demoiselle! que je reprends de suite ; et comment vous portez-vous depuis le temps que je n'ai eu le plaisir de vous saluer?

— Mieux que jamais, mon brave ami ; et depuis ce temps je suis redevenu riche, et c'est vous qui le premier devez partager le bonheur que je dois à votre dévouement et à votre générosité. Où donc étiez-vous caché? je vous ai fait chercher partout sans pouvoir obtenir le moindre renseignement sur votre sort.

— Ah! c'est que, voyez-vous? je me trouvais sans doute à la mer pour le moment.

— Et que faites-vous ici maintenant?

— J'attends une brise de vents d'amont pour partir à la pêche de Terre-Neuve.

— A la pêche, dites-vous? Non, vous ne partirez plus. Quel état voulez-vous faire ici? Parlez, car je puis et je veux vous assurer un sort heureux et tranquille. Désirez-vous monter un petit commerce, vous intéresser dans quelque entreprise, armer un navire, ou aimez-vous mieux vivre de vos rentes? Dites, et tous vos souhaits seront à l'instant même remplis.

— Puisque vous êtes assez bon pour cela, mon brave monsieur, je ne vous cacherai pas que, si j'avais le moyen de faire le commerce, ce serait dans la branche des boissons de débit, attendu que je m'y connais mieux que dans le reste et que j'ai déjà pratiqué la partie.

— Eh bien, allons dîner d'abord, pour parcourir ensuite la ville et choisir le local où il vous plaira de vous établir.

— C'est trop d'honneur que vous voulez me faire;

mais, puisque ça paraît vous plaire et que ça ne me déplaît pas, j'accepterai volontiers de manger un morceau et de faire un tour avec vous et votre respectable demoiselle.

L'affaire ne fut pas longue à s'arranger. La fille du richard espagnol, dans toutes les boutiques que nous passions en inspection, ne trouvait jamais la case assez belle pour moi : elle voulait, cette charmante créature, me loger dans un hôtel, à l'entendre, le diable m'emporte! Enfin, après avoir bien balandé de boutique en boutique, de rez-de-chaussée en rez-de-chaussée, le père dit en voyant la maison où je suis arrimé actuellement :

— Ceci n'est pas mal; et toute la maison, demain, va vous appartenir en propre par devant notaire et les autorités.

— M. Serena a donc acheté cette maison pour toi?

— Rubis sur l'ongle et à la minute, comme il me l'avait annoncé, et il n'y eut pas moyen de m'en défendre; mais, quand on tombe dans les pattes de ce brave homme-là, voyez-vous ? il n'est pas si aisé qu'on pourrait le croire de s'en dégager. Depuis un an qu'il m'a établi dans ce pays il ne fait que m'envoyer de Bordeaux, où il est amarré, des barriques de vin et d'eau-de-vie coup sur coup par tous les caboteurs, pour meubler en liquide, à ce qu'il dit, la petite propriété à boire qu'il m'a fait accepter. Et comment, je vous le demande, à vous qui avez du bon sens, comment est-ce que je ne ferais pas mes affaires en vendant de la marchandise qui ne me coûte rien dans une maison où je n'ai pas de loyer à payer ?

— Labbé, dis-je au héros de cette aventure quand le héros m'eut fini son histoire, ce que tu viens de me raconter là t'honore beaucoup à mes yeux ; le bonheur dont tu jouis est le fruit d'une belle action, et tu dois en jouir avec d'autant plus de charmes que la source d'où la fortune t'est venue est plus pure ; mais, mon ami, quelque satisfaisant que puisse être pour toi le témoignage de ta conscience, il est dans ta position un danger que tu ne me parais pas avoir soupçonné, et auquel l'imprudence de la confidence que tu viens de me faire pourrait t'exposer avec d'autres que moi.

— Et quel danger y a-t-il donc, capitaine, dans ma position actuelle de maître de *bourding-house* ?

— Le danger de te faire arrêter quelque beau jour pour avoir fait de la piraterie.

— De la piraterie ! Bah ! laissez-donc... Et où en aurais-je fait de la piraterie, s'il vous plaît ?

— Mais à bord de la goëlette de Philipps, qui, sous le pavillon mexicain, a pillé, de ton avis même, un bâtiment anglais allant à la Havane.

— C'est donc de la piraterie, ça ?

— Pas autre chose.

— Et à combien de jours de prison, une supposition, pourrait-on me condamner pour avoir navigué avec ce *risque-tout* de Philipps ?

— Mais à autant de jours de prison qu'il en faudrait pour te faire attendre l'exécution du jugement qui te condamnerait peut-être à l'échafaud.

— A l'échafaud !.. Ah bien ! bigre, tant mieux !... A l'échafaud pour avoir sauvé la vie à un homme, y compris une jeune personne ?.... Excusez du peu !

— Non pas pour avoir sauvé la vie à un homme, mais pour avoir navigué volontairement à bord d'un forban.

— Mais la goëlette à Philipps, comme je vous l'ai dit, était un navire du gouvernement, et qui dit le gouvernement dit tout.

— Et de quel gouvernement ?

— Ah ! ma foi, du gouvernement des parages qui pour l'instant se trouvaient en guerre avec les Espagnols de nation.

— Oui, et un navire du gouvernement qui, chemin faisant, s'amusait à piller un bâtiment anglais.. Tiens, mon garçon, la chose la plus prudente que tu puisses faire, si tu veux m'en croire, c'est de ne jamais raconter à d'autres ce que tu viens de m'avouer avec tant de bonhomie et de sincérité ; car le moindre inconvénient auquel pourrait t'exposer ton excès de confiance serait celui de te faire loger pendant plusieurs mois ailleurs que dans ton cabaret, à la suite d'une longue et pénible procédure.

— Assez causé, capitaine : je commence actuellement à comprendre la conséquence de la chose. Trop flamber cuit et trop parler nuit. Je sais le proverbe... Ah ! c'est donc ça que l'on m'a toujours dit que j'avais trouvé à fricasser mon beurre avec des pirates ! Voyez cependant ce que c'est que de se trouver, sans connaître les affaires, en danger de fréquenter la mauvaise compagnie !

— Et personne jusqu'ici n'a cherché à te questionner sur la manière dont tu avais employé ton temps à l'étranger ?

— Non, personne. Mais ce que vous venez de m'apprendre vient de me mettre un cabillot en travers sur la langue pour tout le restant de ma vie ; et je veux bien que l'as me pique si jamais dorénavant on m'entend compter mes fayots au coq!... Ah! vous pouvez sans vous flatter, mon capitaine, vous vanter de m'avoir rendu là, tout en causant d'amitié, un fameux service!... Voudriez-vous, sans façon, redoubler seulement d'un petit verre d'eau-de-vie?

LE
CAPITAINE DUR-A-CUIRE.

Le Capitaine Dur-à-Cuire.

ÉPISODE MARITIME DE 1793.

Jean-Bon Saint-André régnait à Brest au nom de la Convention nationale. Une corvette, *la Bergère*, attendait en rade, tout équipée et tout armée, qu'il plût au représentant du peuple de désigner l'officier auquel il jugerait à propos de confier la mission secrète pour laquelle le navire avait été disposé à prendre la mer. Plusieurs jeunes lieutenants de vaisseau avaient déjà brigué l'honneur de commander *la Bergère*, mais, soit qu'aucun des solliciteurs ne convînt au délégué de la Convention, ou soit plutôt que le délégué eût déjà en vue quelque protégé dont il attendait le retour, le commandement du mystérieux aviso se trouvait depuis plusieurs jours envié par tout le monde, et ne se voyait encore accordé à personne.

Un soir cependant où de forts vents d'aval venaient, en sautant subitement au nord-est, d'offrir aux bâtiments en partance l'occasion favorable de filer au large sans risquer d'être aperçus par la croisière anglaise, Jean-Bon fit appeler à l'hôtel Saint-Pierre, qu'il occupait de toute la largeur de son autorité passagère, un jeune capitaine de corsaire arrivé depuis peu et presque incognito à Brest.

— Citoyen corsaire, dit le représentant au marin, que fais-tu ici ?

— Citoyen représentant, répondit le coursier*, je fais ici, ma foi ! ce qu'il me plaît, à peu près comme dans tous les coins et recoins du monde où le hasard m'a fait rouler mon palanquin.

— Et te plairait-il de commander une des corvettes de la République?

— C'est selon : si les conditions de la République me vont et si la corvette me convient...

— Le grade de lieutenant de vaisseau t'irait-il ?

— Bah ! on en fait aujourd'hui à la douzaine, de tes lieutenants de vaisseau !

— Et le grade de capitaine de frégate en entrant du premier pas dans la marine?...

— Ah ! ça vaudrait un peu mieux, attendu qu'on n'en fait qu'à la demi-douzaine de ceux-là. Et puis après?...

— Et puis après il faudrait partir cette nuit

---

* *Coursier*, pour corsaire, corsairien; capitaine d'un navire armé en course.

même à bord de *la Bergère*, pour aller prendre une connaissance exacte des forces des croisières anglaises qui peuvent contrarier l'arrivée du grand convoi que nous attendons des Antilles ; et puis, cela fait, revenir ici le plus heureusement et le plus rapidement possible. On m'a dit que tu étais un homme d'intelligence et de résolution…

— Tes estafiers t'ont bien dit.

— Mais que ton excessive sévérité envers les hommes qui ont servi sous toi dans l'Inde pourrait, à bord d'un navire armé par des citoyens, compromettre les intérêts du service de l'État.

— Tes estafiers t'ont dit là encore quelque chose de vrai, entremêlé de quelque chose de faux ; mais, vu la circonstance particulière dans laquelle il te convient de me lancer, on pourrait adoucir un peu, pour les citoyens matelots de la République, la vigueur de son tempérament et la dureté du commandement ordinaire.

— Dans l'Inde, m'a-t-on rapporté, on t'avait surnommé *Dur-à-cuire*.

— Oui, mais on m'avait un peu flatté : je ne suis dur à cuire qu'à la broche.

— Et tu me promettrais de te conduire, à bord de *la Bergère*, avec prudence et civisme?

— Je promets toujours ce que je crois bon à essayer, et je fais ensuite ce que je peux pour tenir ce que j'ai promis.

— Quel est ton vrai nom?

— Cassardier. Tu le sais bien, toi qui sais déjà sur mon compte tout ce qu'on ignore dans ce port, où, arrivé depuis une semaine, je n'ai renouvelé connaissance encore avec personne.

— Citoyen Cassardier, voilà ta nomination et mes ordres. La corvette que tu vas commander t'attend en rade; la brise est belle, le temps est précieux, la nuit sera courte : adieu; bon voyage; salut et fraternité.

— Citoyen représentant, tu as eu confiance en

moi; le cœur est solide, la mission est facile : merci, citoyen représentant ; et puis, ma foi ! avec cela... salut et respect.

Le nouveau capitaine de frégate, éclos si fraîchement des mains de Jean-Bon Saint-André, quitta après ce court entretien l'hôtel du représentant du peuple, non pas pour se rendre de suite à bord de sa corvette, mais bien pour aller chercher dans une des rues les moins bien famées de Brest un compagnon, ou plutôt une compagne de route, avec laquelle il avait déjà eu le temps de lier des relations aussi intimes que promptes. Les préparatifs du voyage qu'il se disposait à faire entreprendre à cette courageuse beauté ne furent ni longs ni difficiles à faire.

— Dis-moi, la Carmagnole : tu as toujours aimé les marins, n'est-ce pas? demanda-t-il à l'amazone armoricaine de la rue des Sept-Saints.

— Toujours, tu le sais bien, je les ai tous portés dans mon cœur les uns après les autres, et même quelquefois mon attachement a été plus loin.

— Tu dois par conséquent aimer aussi la mer.

— Mais je n'en sais trop rien encore, attendu que je connais beaucoup moins la marine que les marins.

— Eh bien, c'est là ce que tu vas savoir bientôt : je viens d'être nommé commandant de *la Bergère*; *la Bergère* part cette nuit, et cette nuit tu ne peux faire autrement que d'appareiller avec moi et *la Bergère*.

— Tu crois?

— J'en suis même convaincu.

— Et mes effets?

— Prends-les sous ton bras.

— Et toutes mes robes?

— Tu les laisseras à tes créanciers, et, à la place de celle que tu portes si élégamment sur toi, tu vas revêtir le petit costume de mousse qui t'allait si bien, m'as-tu dit, au dernier bal masqué, où tu as fait tourner toutes les têtes de turcs, de pages et de sauvages du pays.

— Mais est-ce bien sérieusement que tu me parles là?

— Vois plutôt, si tu sais lire, mon ordre de commandement, signé *Jean-Bon Saint-André*, ou plutôt *Jean-Bon André*, aujourd'hui qu'on a supprimé les saints dans le paradis de la Convention.

— C'est, ma foi, vrai! signé *Jean-Bon André* en toutes lettres, et avec un cachet rouge! En ce cas il n'y a plus à balancer, c'est la destinée qui le veut, et je me recommande à toi pour la prochaine campagne que nous allons faire ensemble.

A minuit sonnant le couple voyageur se trouvait rendu sur la calle La Rose, où une embarcation de *la Bergère* avait été disposée par l'ordre du commissaire conventionnel pour conduire à son bord le commandant inconnu et improvisé de la corvette.

En sautant pour la première fois sur le plabord de son nouveau bâtiment le capitaine Cassardier demanda, avec une sorte de timidité qui ne lui était rien moins qu'ordinaire, à parler au citoyen lieutenant de *la Bergère*.

Le lieutenant se présenta aux ordres de son commandant, qui lui dit du ton de voix le plus aimable qu'il put prendre :

— Citoyen, voudrais-tu me faire reconnaître, en vertu des pouvoirs que la République une et indivisible m'à confiés, comme commandant de la corvette ?

— Volontiers, citoyen commandant ; mais quel est ton nom et quel est ton titre ?

— Cassardier, capitaine de frégate.

— C'est singulier ! je ne connaissais pas ce nom-là sur les listes de la marine... Mais il est vrai qu'aujourd'hui on avance si vite !

— Oh ! pourvu que plus tard tu apprennes à le connaître sur le rôle du bord, cela suffira aux besoins du service.

— Et ce petit jeune homme qui t'accompagne ?

— Ce petit jeune homme-là, c'est moi qui le ferai

reconnaître quand il fera jour; c'est, pour le moment, mon domestique de bord.

— La loi, tu le sais bien, citoyen capitaine, n'admet plus ni domestiques ni esclaves.

— Ah! c'est vrai; mais tu mettras sur le rôle qu'il est mon mousse, mon mousse particulier. Veuille donc bien faire allumer des fanaux et procéder de suite à la reconnaissance de mon visage et de ma qualité à bord.

Pendant que le second du navire ordonnait les petites dispositions nécessaires à l'inauguration solennelle du nouveau venu, la Carmagnole, attirant sans façon Cassardier dans un des coins du gaillard d'arrière, lui demanda :

— Pourquoi donc, toi qui m'as semblé toujours si brusque avec moi depuis le peu de temps que nous nous fréquentons, t'avises-tu de prendre ce petit ton sucré avec le citoyen lieutenant, qui doit t'obéir en tout ce qui concerne le service de la République?

— Tais-toi, répondit Cassardier à la tendre amazone : c'est pour les mettre tous dedans, et toi aussi s'il y a moyen.

— Scélérat d'homme, va! J'avais presque deviné la frime.

— En ce cas laisse-moi faire, ma bonne et douce amie ; et tais tant que tu le pourras ton adorable bouche.

La reconnaissance officielle du commandant fut faite à la lueur des fanaux, transportés sur le pont, et en présence de tout l'équipage, rassemblé depuis le grand mât jusqu'au pied du mât de misaine. Les conjectures allèrent ensuite leur train, Dieu sait avec quelle activité d'imagination ! Les orateurs des clubs trouvèrent que le capitaine frais émoulu avait trop parlé, les vieux matelots qu'il avait l'air et le ton d'un *incroyable,* avec son habit à queue d'hirondelle et ses cheveux à la plate-caniche. Les officiers du bord ne disaient encore rien, mais ils se hasardaient à penser que le teint passablement cuivré et les mains un peu calleuses de leur jeune chef allaient assez mal aux petites manières aristocrates qu'il semblait vouloir se donner. Et, pendant que les uns et les autres se perdaient en réflexions et en pronostics sur le compte du protégé du représentant Jean-Bon, le citoyen commandant ordonna avec la politesse la plus exquise à son civique lieutenant de passer devant, et à chacun des citoyens du bord de se ranger à son poste d'appareillage.

La brise était belle et rondelette, le vent frais et fin, et même un peu bruyant. Un des officiers proposa à son commandant un porte-voix, pour qu'il pût mieux se faire entendre de tout l'équipage que ses ordres venaient de mettre en mouvement. Le commandant, en remerciant l'officieux enseigne de sa prévenance, lui répondit que, pourvu qu'on voulût bien faire un peu de silence à bord, il parviendrait peut-être à se faire entendre et à se faire obéir sans le secours d'un porte-voix de manœuvre. Les ordres nécessaires furent donnés bientôt avec calme, lenteur et précision par le modeste capitaine, et, en moins d'une heure de dispositions préparatoires, la corvette se trouva appareillée sans bruit, sans confusion, sous toutes ses voiles carrées, ses focs et son artimon; chose rare, je vous assure, dans notre marine, par le temps qui courait alors.

Une fois toutes les vergues bien orientées, les voiles convenablement établies sur leurs vergues et toutes les cordes passablement parées à bord, les conversations, qu'avait interrompues pour un moment le soin de l'appareillage, reprirent leur cours capricieux au bruit des flots, que sous sa proue impatiente faisait clapoter la rapide corvette en vidant le goulet de Brest.

— Pour un ciminga*, disait le citoyen maître d'équipage, il a commandé moins mal que je ne l'aurais pensé sur sa fichue mine et sa petite voix de lamantin.

* Expression ironique dont on se servait alors pour désigner un fat, un élégant doré, un *incroyable*.

—Mais, reprenait le maître calfat, le philosophe voltairien de la maistrance, à bord de quelle barque gréée en fils de sucre candi ça peut-il avoir navigué, pour parler comme la demoiselle d'un ci-devant comte ou marquis de l'ex-régime?

—Ah! ce n'est pas l'embarras, dit le cambusier, l'artiste philharmonique du bord, s'il peut se vanter d'avoir une flûte traversière dans le gosier, on ne peut pas dire que sa malle soit aussi calée en effets que sa manière de commander est riche en petites notes de rien du tout: il est monté à bord avec tout son sac boutonné sur son estomac, et toutes ses paires de bas rangées en dedans de la mauvaise couple de bottes à retroussis qu'il a sur le maigre des jambes; et *monsieur son mousse* serait un fameux paresseux s'il se plaignait d'avoir gagné un tour de reins à porter le bagage de *monsieur son maître*. Ils avaient tous les deux leur garde-robe en vrac sur les épaules.

— *Monsieur son mousse?* reprit alors le capitaine d'armes de la corvette : dis plutôt, citoyen cambusier, *madame son mousse*: c'est la Carmagnole, que ce capitaine à la Jean-Bon Saint-André a remorquée à la traîne en costume analogue à la circonstance du moment.

— La Carmagnole ? cette déesse patriotique de la rue des Sept-Saints, celle-là qui a fait la *Vénus de la raison* au premier décadi, et qui se trouve si joliment relatée dans la chanson que les aspirants du *Tyrannicide* ont chantée au café de *la Concorde* ?

> *La Carmagnole*
> Est un volage bâtiment :
> Si vous ne veillez sa boussole,
> Vous perdrez au premier moment
> La Carmagnole.

— Celle-là même, je vous le dis et vous l'atteste, citoyens de la corvette *la Bergère*.

— Ah ! il nous la fiche belle de venir nous donner pour un mousse de la patrie une espèce de prostituante, ce commandant de hasard, qui n'a pas seulement eu la générosité d'arroser sa nomination tombée du ciel d'une double ration de rack à la santé de *l'Une et indivisible !*

— Voulez-vous m'écouter, citoyens? Aujourd'hui, n'est-ce pas? il fera jour: eh bien, il faut que le capitaine d'armes, qui a reconnu lui-même la fraude, aille trouver Cassardier, puisque *Cassardier* c'est son nom, pour lui signifier de deux choses l'une : ou qu'il partage son mousse avec l'équipage au nom de la suprême égalité, ou, s'il l'aime mieux, qu'il s'en prive comme nous, afin que toutes choses soient égales entre nous et lui.

— C'est cela! bien dit, maître Lacouture! pas mal tapé pour un maître tailleur qui n'a rien à coudre! à toi le coq enfin, et pas à lui la poule. La motion est donc, nos frères, que le capitaine d'armes ira demain à six heures, au premier coup de cloche du branle-bas général, sommer Cassardier de se décider pour l'une ou l'autre manière d'égaliser l'égalité entre nous.

Cette résolution, prise en assemblée primaire,

venait d'imposer au capitaine d'armes des devoirs dont il se prépara à s'acquitter avec toute la gravité de sa position et de son caractère.

A six heures le commandant, étant descendu dans sa chambre pour prendre le repos que toute une nuit passée sur le pont lui avait rendu nécessaire, entendit une main assez lourde frapper trois coups maçonniques à sa porte. Il ouvrit.

— Citoyen, lui dit alors le délégué de l'équipage, tu as amené avec toi un individu du sexe féminin, connu dans la ville de Brest sous le nom de *la Carmagnole*.

— Oui, c'est vrai; et je ne sais trop pourquoi maintenant je chercherais à cacher une chose que j'ai le droit d'avouer; mais quel rapport ce fait peut-il avoir avec le service dont tu te trouves chargé à bord de notre corvette, citoyen capitaine d'armes?

— Un rapport que je vais t'expliquer. L'égalité a été décrétée pour toi comme pour nous autres; et, l'égalité voulant que toutes choses soient égales entre nous, il faut que la Carmagnole soit à nous comme à toi, ou qu'elle ne soit ni à toi ni à nous.

— Ceci mérite attention, répondit avec une colère à grand'peine contenue le commandant Cassardier. Si la Carmagnole aimait également tous les hommes de la corvette, je concevrais qu'elle pût passer librement de l'un à l'autre de nous, selon son bon plaisir et celui du prétendant à qui elle voudrait se donner ; mais, comme jusqu'ici elle m'a accordé une préférence exclusive sur vous tous, je crois qu'il y aurait tyrannie de votre part à exiger qu'elle fît violence à ses sentiments pour me quitter, moi qu'elle préfère, et pour se livrer à vous, qu'elle ne connaît pas et qu'elle désire peut-être ne connaître jamais.

— Tyrannie? tu sais que nous détestons les tyrans.

— Alors il ne faut pas vous exposer à le devenir vous-mêmes. Mais il y a peut-être un moyen d'aplanir les difficultés entre nous.

— Et lequel, citoyen?

— C'est de me passer tous sur le corps pour arriver à ma citoyenne, ou d'attendre patiemment pour la posséder qu'elle se livre volontairement à vous ou que pour elle je n'aie plus d'amour dans le cœur.

La fermeté sardonique avec laquelle Cassardier prononça ces dernières paroles, tout empreintes malgré lui de la plus âcre amertume, déconcerta un peu la logique chancelante du capitaine d'armes, qui se retira pour aller apprendre à ses commettants que le citoyen commandant lui avait annoncé qu'il fallait attendre qu'*il n'eût plus pour elle d'amour dans le cœur*.

— Plus d'amour dans le cœur! s'écrièrent alors les pétitionnaires indignés : c'est donc un chanteur de romances qui veut se ficher de nous?.... Plus d'amour dans le cœur! On lui en fabriquera tout exprès pour lui de *l'amour dans le cœur!*... Et si nous lui passions tous sur le corps, comme il nous en a défiés, en attendant que l'amour lui déborde par-dessus les bastingages de son sensible cœur?....

— Oui, c'est fort bon à dire, répondit le capitaine

d'armes à tous les fanfarons du bord, mais je n'ai pas appris jusqu'ici que des serviteurs de la patrie eussent pris l'habitude de se mettre cent contre un. Et puis, c'est qu'il m'a paru, le muscadin, avoir plus de toupet ce matin que nous ne l'avions cru pendant la nuit; et les hommes de toupet sont les miens. Au surplus, vous pouvez bien essayer si vous voulez : quant à moi, je vous le répète, je suis ici pour le service de la République, et non pour farauder, à la tête d'une révolte de sentiment, à la gloire de la Carmagnole et à la honte de la confraternité française.

Ce sage avis prévalut : les Lovelaces de l'équipage se résignèrent à attendre une occasion plus favorable de faire éclater leur amour passionné pour la parfaite égalité et la libre possession de la beauté. Seulement, lorsque l'un des beaux esprits du gaillard d'avant voulait pousser l'allusion jusqu'à la témérité de l'épigramme, il fredonnait, en montant dans les haubans ou en se promenant sur les passavants, ces mots d'une vieille chanson de corps-de-garde :

> Verse-moi du vin plein mon verre :
> *Je n'ai plus d'amour dans le cœur,*
> Je n'ai plus d'amour, d'amour dans le cœur.

L'équivoque de la plaisanterie sauvait toujours au coupable l'application sévère qu'un chef moins endurant que le citoyen Cassardier aurait pu faire des paroles de ce satirique refrain. L'empire extraordinaire que le jeune commandant avait réussi à prendre sur l'impétuosité de son caractère était même devenu si grand qu'il avait fini par lui apprendre à tolérer jusqu'à l'insolence des troubadours qui, dès que sa maîtresse paraissait sur le pont, n'avaient rien de plus pressé que d'aller gazouiller presque sous son nez, et sur l'air *Bouton de rose*, ce couplet impertinent dont nous avons déjà eu occasion de parler :

> *La Carmagnole*
> Est un volage bâtiment :
> Si vous ne veillez sa boussole,
> Vous perdrez au premier moment
> La Carmagnole.

Nous avons dit la mission qu'avait reçue *la Bergère*. Quelques jours après sa sortie de Brest, et après avoir fait un peu de route vers le golfe de Gascogne, le capitaine Cassardier eut connaissance d'un assez grand nombre de navires qui, naviguant en ordre, lui firent supposer qu'ils pourraient bien former l'avant-garde d'une escadre anglaise; mais, pour mieux s'assurer par des indices précis de la réalité du fait qu'il lui importait de reconnaître, le zélé protégé de Jean-Bon laissa arriver sur les bâtiments en vue, certain qu'il était qu'avec la marche supérieure de sa corvette il parviendrait à échapper quand il le voudrait à la chasse que pourraient lui appuyer les meilleurs voiliers ennemis. La manœuvre à exécuter en cette occasion était délicate. Les officiers de la corvette, prévoyant l'imminence du péril et ne connaissant qu'imparfaitement encore le mérite problématique de leur commandant, n'étaient pas sans inquiétude sur le résultat d'une tentative plus hardie que facile. Quant à l'équipage, son opinion était déjà arrêtée, et aucun des matelots ne doutait que l'amant de la Carmagnole ne finît par les faire loger, à la première occasion, dans les prisons d'Angleterre. Cependant, à mesure que *la Bergère* approchait l'escadre rencontrée, on remarquait avec un certain étonnement, à bord de la corvette française, l'assurance plus imposante que semblaient acquérir, avec la progression du danger, la voix et l'attitude du commandant. La précaution qu'il avait eue de gagner habilement le vent à la ligne des navires aperçus parut d'un assez bon augure; puis la précision avec laquelle il mesura de l'œil la distance qu'il lui faudrait conserver pour se tenir toujours à grande portée de canon des bâtiments qu'il voulait observer sembla encore d'un meilleur présage. Mais ce fut lorsqu'après avoir compté, pour ainsi dire, un à un tous les sabords de la division anglaise, il lui fallut prendre chasse devant deux frégates qui venaient d'être détachées à ses trousses, que chacun put juger de la supériorité de Cassardier comme manœuvrier : à peine avait-il orienté d'un bord, pour prendre la même bordée que l'une des frégates chasseuses, qu'il renvoyait avec la rapidité de la foudre sur l'autre bord, pour hâler le vent à la seconde frégate en lui passant à portée de canon sous le beaupré. Il courut tant enfin de belles et bonnes bordées, en profitant si finement de toutes les variations et de tous les caprices de la brise, qu'aux approches de la nuit il se trouva avoir laissé à perte de vue derrière lui et l'escadre, qu'il avait explorée vaisseau à vaisseau, et les deux frégates qui avaient voulu si inutilement contrarier sa manœuvre et lui couper la retraite.

C'est alors seulement, mais seulement alors que les officiers de *la Bergère* se dirent entre eux :

— Ou il faut que le hasard l'ait servi à point nommé dans ses évolutions, ou il faut nécessairement que cet homme soit plus marin que nous ne le pensions.

— Mes camarades, disait à son tour le lieutenant,

il n'y a du hasard qu'une seule fois dans la vie de chaque imbécile ; mais, croyez-moi bien, on ne réussit pas à manœuvrer si crânement pendant quatre heures d'observation et de chasse sans avoir autre chose que du hasard et du bonheur dans le fond de son sac. Ce gaillard-là a du poil au nez, ne vous y trompez pas. Au reste, vous penserez ce que vous voudrez sur son compte et vous vous comporterez comme il vous plaira avec lui ; mais, quant à moi, je sais bien que je vais commencer à le respecter comme mon chef. Il n'y en a pas un de nous ici qui puisse se vanter d'être seulement à moitié marin comme ça.

Les gens de l'équipage, sans exprimer une opinion aussi bien raisonnée sur le compte de leur capitaine, commençaient aussi à le juger avec ce gros instinct tout trouvé qui manque si rarement aux subordonnés dans l'appréciation exacte de la valeur de leurs chefs. Les maîtres se demandaient les uns aux autres :

— Ah ça! est-ce qu'il serait marin tout de bon ce Parisien-là?

— Mais, répondaient les matelots en entendant mettre ainsi en doute la certitude qu'ils venaient d'acquérir par leur propre expérience, s'il n'est pas marin, bigrement plus malins que vous et que nous se tromperaient à la contrefaçon de l'assignat. Quel cordon d'escarpin de longueur il nous a fait filer à cette division anglaise!... L'écoute de la grande voile du grand chasse-lichtre me tombe sur les *hommes-aux-plaques* si jamais *la Bergère* a encore été patinée comme ça!

Dès cet instant les allusions piquantes devinrent plus rares dans la bouche des Anacréons du gaillard d'avant; la pauvre Carmagnole put même se montrer sur le pont sans que les troubadours de la hune de misaine et de la grand'hune songeassent à roucouler comme autrefois leur cinique couplet de circonstance. Quant au commandant, il resta invariablement le même au milieu des changements qui s'étaient opérés autour de lui, mijaurant toujours ses manières, continuant à affadir son parler et à faire grimacer jusqu'au ton prétentieux qu'il s'était imposé. Le moment de montrer le lion sous la peau de la timide brebis n'était pas encore arrivé.

Des vents d'ouest, survenus à l'entrée du golfe, donnèrent à la corvette la facilité de courir jusqu'en vue des côtes d'Irlande pour explorer, en prenant connaissance de la pointe occidentale d'Angleterre, les parages où il lui était intéressant de faire le dénombrement des croisières ennemies à l'ouvert de la Manche. Pendant une nuit épaisse, en approchant les attérages d'Ouessant, *la Bergère* tomba au beau milieu d'une division qui faisait vers Brest la même route qu'elle. Cassardier, sans changer de direction, alla se mêler et presque se perdre dans le groupe des navires, qu'il voulait tromper et compter; et quand, vers le point du jour, il jugea prudent de ne pas laisser à ses compagnons de voyage le temps de se douter de sa présence illicite parmi eux, il ne voulut pas du moins quitter l'amiral anglais sans lui montrer les couleurs de son pavillon : deux volées, envoyées par *la Bergère* en poupe du vaisseau commandant, furent les adieux que la corvette adressa à la division au centre de laquelle elle avait été chercher l'hospitalité pendant toute la nuit. En vain les boulets de la tête de la division étonnée grêlèrent sur la petite et malicieuse corvette : la corvette, plus rapide dix fois que toute l'escadrille légère de l'escadre ennemie, disparut à la vue des Anglais en faisant flotter au-dessus de la noble fumée dont elle s'était environnée la queue frémissante du drapeau tricolore de la République.

Le lendemain au soir Brest, avec ses îlots noirs à fleur d'eau et ses côtes arides battues par les vagues torrentueuses de l'Iroise, apparut, sous le dôme d'un ciel lourd et grisâtre, aux yeux perçants des vigies de la corvette; et, entre la pointe de Saint-Mathieu et la roche de la Parquette, apparut aussi aux regards attentifs du commandant une frégate anglaise louvoyant contre une forte brise d'ouest pour gagner la haute mer.

— Cette frégate-là, dit Cassardier, nous barre la route que nous avons à faire : il faut lui passer sur le corps ou nous faire couler à ses côtés. La brise nous porte à terre et la terre est pour nous : voici le moment de lire le nom de cet Anglais et de vous faire connaître le mien, que tous, tant que vous êtes, avez assez mal lu jusqu'ici entre mes deux yeux. L'abordage, je vous en préviens, a été mon premier amour, et il est bon de vous dire aujourd'hui que j'ai encore bigrement *d'amour dans le cœur* pour l'abordage... Timonnier, laisse porter en grand à élonger de bout en bout cette frégate... Citoyens de *la Bergère*, vive la République! et meure le premier jean-fesse qui clanpinera pour faire rondement son devoir!

A peine ces mots, prononcés avec une force inconnue et d'une manière toute nouvelle, eurent-ils frappé les oreilles des gens de l'équipage de *la Bergère*, que la corvette se trouva bord à bord de la frégate. Une volée lancée et une volée reçue à bout portant terminèrent la canonnade. Le cri à l'abordage! à l'abordage! s'est fait entendre sur les bastingages de la corvette : les armes se croisent, le sang ruisselle sur le pont des deux navires, accrochés par leurs grappins de fer; le carnage se prolonge, les attaques se renouvellent, la résistance s'affermit. Trois fois Cassardier, à la tête de ses plus vaillants matelots, saute et bondit, le sabre au poing, sur les gaillards de l'ennemi ; trois fois le grand nombre de combattants qu'il assaille repousse la fureur des coups qu'il leur porte ; et, au moment où il parvenait enfin à faire une trouée dans les groupes qui s'étaient jusque-là refermés à son approche, la frégate coupe les grappins qui l'attachaient à la corvette : la corvette cule, son mât d'artimon tombe, et le bâtiment anglais reprend en désordre sa route en laissant *la Bergère,* à moitié démâtée et aux trois quarts écrasée, dans l'impuissance absolue de recommencer le combat glorieux qu'elle vient de livrer avec tant d'acharnement et trop peu de succès.

Ce fut en ce moment qu'entouré de morts et de blessés l'intrépide Cassardier, écumant de rage et menaçant encore de la pointe de son sabre ensanglanté l'ennemi qui le fuyait, se révéla dans toute la beauté de sa sauvage majesté aux regards presque épouvantés des hommes qui lui restaient.

— Mais qui êtes-vous donc? s'écrièrent à la fois les gens de l'équipage et le seul officier qui eût échappé à côté de lui à la boucherie de l'abordage.

— Qui je suis, moi? répondit avec un horrible grincement de dents le lion furieux; qui je suis, moi, le brosseur de Jean-Bon Saint-André, le calin de la Carmagnole, le manœuvrier par hasard; moi enfin, le jouet d'un tas de mateluches comme vous? Je suis.... je suis le capitaine *Dur-à-cuire* pour les marins et les braves de l'Inde comme moi!

— Le capitaine *Dur-à-cuire,* du corsaire *le Tourmentin* de l'Ile-de-France! murmurèrent, consternés et honteux, les blessés et les survivants de *la Bergère*... Ah! commandant, combien tu nous as trompés et humiliés!

Oui, mais Jean-Bon Saint-André, lui, ne s'était pas trompé.

La corvette, délabrée, rompue, et toute saignante encore du sang de son vaillant équipage, rentra à Brest dans la nuit.

L'entrevue du jeune commandant et du représentant du peuple fut courte et caractéristique.

— Citoyen commandant, dit Cassardier à Jean-Bon, j'ai quinze jours de mer : voici mon rapport, qui te dira la force des deux croisières que j'ai rencontrées. J'ai manqué une frégate, et je te demande quinze jours pour reprendre du poil de la bête. Maintenant je suis devenu assez poli pour commander à n'importe quel équipage de citoyens de la République.

— Et moi je te trouve assez brave pour te donner

un vaisseau à commander. *Le Vengeur* est là : te va-t-il *?

— Comme une paire de gants ; mais je crois devoir t'avertir que c'est d'avance un vaisseau perdu pour la République, car ce vaisseau-là coulera bientôt sous mes pieds.

* Ce nom du *Vengeur* n'est ici qu'une allusion au sort qu'éprouva ce noble vaisseau dans la bataille navale du 13 prairial.

COMBAT DU MARENGO.

Combat du Vaisseau de 74 le Marengo

CONTRE L'ESCADRE ANGLAISE

DE L'AMIRAL JOHN WARRENS.

Après avoir signé du pommeau de son épée le mémorable traité d'Amiens, un des premiers soins de Napoléon fut d'envoyer dans l'Inde une expédition qui pût mettre à profit le temps de la courte suspension d'armes que ce traité venait d'établir entre l'Angleterre et la République française. Une petite division, composée d'un vaisseau, de trois frégates et de deux transports, appareilla de Brest le 14 ventôse an xi, sous les ordres du contre-amiral Linois, pour aller porter dans les comptoirs indiens le capitaine-général Decaën, un bataillon d'infanterie, et un grand nombre d'employés civils et militaires, chargés de remplir les postes qui les attendaient dans les anciennes et pauvres colonies que l'Angleterre avait enfin consenti à nous restituer.

La frégate *la Belle-Poule*, détachée en mer de la division que commandait le vaisseau *le Marengo*, se présenta le 27 prairial devant Pondichéry pour prendre possession de cette place, sous laquelle stationnaient encore cinq vaisseaux de ligne, trois frégates et deux corvettes commandés par l'amiral anglais Rainier; mais, au mépris des conventions stipulées depuis un an déjà entre le gouvernement anglais et la République, cet amiral, après avoir pris connaissance des dépêches du commandant français, refusa à *la Belle-Poule* l'autorisation de communiquer avec la terre ; et ce ne fut que vingt-cinq jours après avoir retenu cette frégate prisonnière sous le canon de son escadre que Rainier, voyant arriver à Pondichéry la division de Linois, voulut bien permettre au général Ducaën de mettre une garnison dans la ville, que jusqu'à ce moment il avait persisté à maintenir sous le séquestre de la Grande-Bretagne.

Cette prise de possession si tardive ne devait pas être de longue durée : le lendemain même de son débarquement à Pondichéry Decaën reçut l'ordre par le brick *le Bélier*, parti de Brest dix jours après lui, de laisser son bataillon expéditionnaire à terre, et de faire voile immédiatement pour l'Ile-de-France, où il devait attendre la rupture imminente de l'éphémère convention d'Amiens.

L'exécution d'un ordre aussi inattendu devenait difficile pour le capitaine-général et l'amiral français en présence de l'escadre de Rainier, si supérieure en force à la division de Linois; mais, après s'être entendus ensemble pour tromper la surveillance de l'amiral anglais, les deux généraux exécutèrent avec habileté le plan qui devait assurer la fuite mystérieuse dans laquelle seule ils pouvaient espérer de trouver leur salut. Le soir même du jour de l'arrivée du *Bélier* le vaisseau *le Marengo* et les trois frégates qui l'avaient accompagné appareillèrent silencieusement de la rade de Pondichéry, sans que l'escadre ennemie eût soupçonné cette manœuvre discrète et hardie. Ce ne fut qu'en apercevant, le matin, le vide que la sortie nocturne des navires français avait laissé auprès de lui, que l'amiral Rainier se douta de la rupture du traité de paix, et que, de dépit d'avoir été joué de la sorte, il se décida à faire le blocus de Pondichéry, défendu seulement par le bataillon d'infanterie qui, l'avant-veille, s'était jeté dans cette place.

Le 28 thermidor *le Marengo* et ses trois frégates, échappés si heureusement à la défiance de l'escadre de Pondichéry, mouillèrent à l'Ile-de-France. Le traité de paix vient d'être authentiquement déchiré, et c'est la guerre que le nouveau capitaine-général de nos deux seules petites possessions de l'Inde doit se disposer à faire, avec un vaisseau de ligne, contre les orgueilleux et puissants possesseurs de tout l'orient maritime. Decaën commandera les forces de terre et de mer ; Linois les forces de mer, c'est-à-dire *le Marengo* et ses trois frégates. Le 16 vendémiaire an XII l'amiral appareille avec sa division pour aller jeter à Batavia quelques troupes hollandaises. Dans sa route il rencontre et brûle quatre ou cinq gros navires de la compagnie des Indes. L'important comptoir de Bencool, dans l'île de Sumatra, est sur son chemin : il le détruit en passant. Après avoir effectué le débarquement de ses troupes passagères sur la côte de Java il court, sans laisser de traces de sa route, établir sa mystérieuse croisière à l'ouvert même des mers de la Chine. Un convoi d'opulents galions sort avec sécurité de Macao, et tombe sous la volée de l'escadrille brestoise, qui combat les navires de guerre de l'escorte et qui s'empare, à la suite de la plus vive et de la plus brillante action, d'une partie des riches navires qu'elle a dispersés à coups de canon sur ces mers, surprises de voir flotter le pavillon de la République française.

Vingt millions de francs, produit des prises capturées dans cette courte et éclatante campagne, signalèrent le commencement des hostilités entre l'Inde française, réduite aux îles de France et de la Réunion*, et l'Inde anglaise, qui embrassait déjà tout le continent indien.

Trois autres courses aussi belles, aussi habilement dirigées rendirent le vaisseau *le Marengo* l'effroi du commerce anglais dans les mers qu'il parcourait **.

---

* L'île de Bourbon avait reçu, sous la République, le nom d'île *de la Réunion*.

** Pendant deux années de croisière l'amiral Linois captura pour quarante millions de prises, et força le commerce anglais à quadrupler la prime d'assurance sur toutes les expéditions destinées pour les mers de l'Inde.

(*Rapport de l'amiral J.-B. Warrens à l'Amirauté,* 14 mars 1806.)

Le 17 thermidor une flotte de bâtiments de guerre, chargée de troupes et escortée par le vaisseau anglais *le Bleinheim* de 80 canons, se range en bataille pour recevoir l'attaque du vaisseau français, qui seul s'avance pour la combattre à demi-portée de pistolet, et qui, après l'avoir canonnée pendant plusieurs heures, ne consent à l'abandonner que lorsque le mauvais temps le force à aller se mettre en cape au large de cette flotte, étonnée de tant d'audace et de bonheur.

Mais pendant ces croisières glorieuses les îles françaises, que *le Marengo* avait momentanément quittées, se trouvèrent enfin bloquées et serrées par des forces trop nombreuses et trop supérieures pour que Linois pût se hasarder à les aborder avec son seul vaisseau. Réduit à la nécessité de réparer son navire fatigué par un long séjour dans des mers lointaines et criblé du feu de l'ennemi, qu'il avait si souvent harcelé, l'amiral se décida à faire route pour l'Europe. La frégate *la Belle-Poule,* qui l'avait rallié depuis peu, devait le suivre dans cette dernière traversée vers les côtes de la patrie.

Le 22 ventôse an XIV les deux fidèles compagnons de route, se trouvant déjà à la hauteur des îles du Cap-Vert, aperçoivent à deux heures du matin une voile courant à contre-bord d'eux. Bientôt cette voile, dont l'obscurité de la nuit permettait cependant d'observer tous les mouvements, fut suivie de deux autres voiles. Le premier de ces trois navires portait des feux à sa corne d'artimon : c'était un signal de ralliement. Quelques fusées romaines, lancées dans les airs par un des bâtiments en vue, ne laissèrent plus de doute au *Marengo* sur l'espèce de rencontre qu'il venait de faire. — Ce sont des navires de guerre, dit Linois au brave capitaine Vrignaud qui commandait, sous les ordres de l'amiral, le vaisseau français. Ils escortent sans doute un fort convoi : faites faire le branle-bas de combat à notre bord, et gouvernez de manière à passer assez près d'eux pour que nous puissions les reconnaître.

Cet ordre ne demande que peu de temps pour être exécuté. A trois heures le général s'aperçut qu'au lieu de redouter la chasse qu'il voulait leur appuyer, les navires rencontrés avaient manœuvré de manière à attaquer *le Marengo* et *la Belle-Poule*, dont la marche était inférieure à celle du vaisseau. A cinq heures du matin, alors que le jour commençait à poindre et à jeter quelque clarté sur la scène imposante qui jusque-là s'était passée dans les ténèbres, on vit à portée de fusil, dans les eaux du *Marengo*, un vaisseau à trois ponts, couvert de toile et battant pavillon anglais à sa corne d'artimon. Les couleurs nationales furent aussitôt hissées à bord du vaisseau français, et, pour mieux assurer ce signal, Linois fit envoyer au même moment toute sa volée de tribord dans l'avant du vaisseau chasseur. Le feu, ainsi commencé, ne fut interrompu que lorsque *le London*, approchant *le Marengo* à longueur d'écouvillon, sembla vouloir présenter l'abordage. Trompé par ce simulacre d'attaque, Linois ordonne au capitaine

Vrignaud de faire monter tout le monde des batteries sur le pont et de jeter les grappins à bord de l'ennemi : les grappins, hissés au bout des vergues, qui se sont déjà croisées avec les vergues plus élevées du trois-ponts, tombent à bord du *London;* tout l'équipage français, perché sur les bastingages ou suspendu dans le gréement, est prêt, palpitant d'ardeur, à commencer le carnage..... Mais, à l'instant où les deux vaisseaux vont s'accoster et s'étreindre pour ne plus se séparer que vainqueurs ou vaincus, *le London* laisse brusquement arriver, emportant avec lui au large du *Marengo* les grappins rompus qui lui déchiraient déjà les plabords, et qui devaient attacher un instant sur ses flancs l'audacieux vaisseau français.

Il fallut, après cet abordage manqué, reprendre la canonnade meurtrière que *le Marengo,* trompé par la ruse du *London,* avait suspendue avec trop de joie et de confiance. Les ponts et les gaillards, balayés par des volées de mitraille, se jonchent de blessés et de morts; l'officier de manœuvre est déjà mis hors de combat; les écoutes et les amures sont hachées, les haubans et les étais coupés sur la mâture chancelante, les voiles criblées sur leurs vergues à moitié rompues; et cependant, à la lueur des pièces qui tonnent à bord des deux vaisseaux, Linois, sans être ébranlé dans sa résolution, voit encore se projeter et défiler, dans l'épaisse fumée dont *le Marengo* est environné, les voiles menaçantes des navires anglais qui viennent secourir *le London* à moitié écrasé. *La Belle-Poule,* engagée déjà avec la frégate *l'Amazone,* combat à la fois *le London* et le nouvel assaillant qui lui prête le travers. La résistance était belle, mais désespérée : c'étaient deux navires luttant bord à bord avec toute une escadre, sans qu'une seule voix se fût encore élevée à bord de ces navires pour parler de se rendre. Un seul incident est remarqué sur le gaillard d'arrière du *Marengo :* l'amiral vient d'être transporté au poste des chirurgiens, et à la place qu'il occupait est monté le capitaine Vrignaud. Le feu se prolonge; les boulets pleuvent, sifflent au milieu de ce feu terrible; un paquet de mitraille emporte le bras droit du commandant Vrignaud; le capitaine de frégate Chasseriau remplace son commandant, qui lui-même, quelques minutes auparavant, a remplacé sur son banc de quart le général Linois, grièvement blessé. — Tous nos officiers passeront sur ce banc de quart, se disent tout bas les hommes de l'équipage... Et tout l'équipage continue à combattre en silence et toujours avec fureur. A chaque minute l'amiral Linois et le commandant Vrignaud, l'un avec le mollet droit enlevé et l'autre avec le bras de moins, donnaient au lieutenant Arnaud des ordres que celui-ci s'empressait de transmettre au capitaine de frégate, devenu si vite le commandant du *Marengo*.

A neuf heures et demie enfin, et après six heures de combat, *le Marengo* et *la Belle-Poule*, entourés par sept vaisseaux de ligne et plusieurs frégates, sentirent l'inutilité de leur résistance et commencèrent à concevoir l'impuissance des moyens qui leur restaient pour résister : huit pièces seulement, à bord du vaisseau français, se trouvaient encore en état de faire feu ; les batteries, commandées par les lieutenants Ravin et Kerdrain, épuisées par le nombre d'hommes qu'elles avaient été obligées de fournir pour remplacer les morts, dont les dunettes et les gaillards étaient couverts, ne tiraient plus qu'à de longs intervalles quelques coups de canon de retraite; tous les officiers étaient blessés ; il n'y avait plus que des victimes à offrir à la supériorité invincible des forces de l'ennemi. L'état-major et les maîtres furent consultés, et, à neuf heures quarante minutes, le pavillon en lambeaux fut amené lentement sur les tronçons de mâts du vaisseau *le Marengo*, haché, percé à jour, et à moitié coulant bas d'eau sous la volée de toute l'escadre ennemie rassemblée autour de ses débris fumants.

Le mot de l'amiral John Warrens sur ce combat mérite d'être rapporté : — Voilà, dit-il en apprenant à quel bâtiment il venait d'avoir affaire, un vaisseau qui s'est montré digne du nom qu'il porte.

On connaît le noble caractère de l'amiral Linois; et la patrie n'a pas oublié les services que cet officier distingué lui rendit toujours avec autant de modestie que de dévouement.

Le commandant Vrignaud, devenu contre-amiral, existe encore à Brest, environné de l'estime et de l'affection de tous ceux qui l'ont connu dans sa longue et honorable carrière. Les quatre fils de cet officier général, l'un capitaine de corvette, deux lieutenants de vaisseau et le quatrième chef de timonnerie, soutiennent la réputation que leur vieux père leur a laissée, comme un précieux héritage, dans le corps de la marine française.

FIN DU TOME PREMIER.

ON TROUVE CHEZ LE MÊME LIBRAIRE:

LÉON GOZLAN.

VASHINGTON LEVERT ET SOCRATE LEBLANC, 2 vol. in-8. Prix :	15 fr.
LES MÉANDRES, tom. I et II, 2 vol. in-8	15 fr.
LE NOTAIRE DE CHANTILLY, 2 vol. in-8.	15 fr.

JULES A. DAVID.

LE CLUB DES DÉSŒUVRÉS, tom. I et II, 2 v. in-8	15 fr.
LA BANDE NOIRE, 2 vol. in-8.	15 fr.
LA DUCHESSE DE PRESLES, 2 vol. in-8	15 fr.
LUCIEN SPALMA, 2 vol. in-8.	15 fr.

GUSTAVE PLANCHE.

PORTRAITS LITTÉRAIRES, 2 vol. in-8.	7 fr.

ALPHONSE ROYER.

LE CONNÉTABLE DE BOURBON, 2 vol. in-8.	15 fr.

DE BALZAC.

ÉTUDES DE MŒURS AU XIXᵉ SIÈCLE, 12 volumes in-8 divisés en trois séries :	
Scènes de la vie de Province, 4 vol. in-8	30 fr.
Scènes de la vie privée, 4 vol. in-8.	30 fr.
Scènes de la vie parisienne, 4 vol. in-8	30 fr.
LE LYS DANS LA VALLÉE, 2 vol. in-8	15 fr.
LE LIVRE MYSTIQUE, 2 vol. in-8.	15 fr.
SÉRAPHITA (extrait du *Livre Mystique*), 1 v. in-8.	7 f. 50 c.
LE MÉDECIN DE CAMPAGNE, 2 vol. in-8.	15 fr.
LE PÈRE GORIOT, 2 vol. in-8.	15 fr.
LES CHOUANS EN 1799, 2 vol. in-8.	15 fr.
NOUVEAUX CONTES PHILOSOPHIQUES, in-8.	7 fr. 50 c.
LES CENT CONTES DROLATIQUES, tom. I, II et III.	22 fr.
LA PHYSIOLOGIE DU MARIAGE, 2 vol. in-8.	15 fr.

PARIS. — IMPRIMERIE DE P. BAUDOUIN,
rue Mignon, 2.

www.ingramcontent.com/pod-product-compliance
Lightning Source LLC
Chambersburg PA
CBHW070453170426
43201CB00010B/1317